어느 시대에도 기업에 혁신을 가져다주는

300% 강한 영업

초판 1쇄 인쇄 2022년 3월 8일
초판 1쇄 발행 2022년 3월 14일

지은이 황창환

발행인 백유미 조영석

발행처 (주)라온아시아
주소 서울특별시 서초구 효령로 34길 4, 프린스효령빌딩 5F

등록 2016년 7월 5일 제 2016-000141호
전화 070-7600-8230   **팩스** 070-4754-2473

값 14,000원
ISBN 979-11-92072-35-7 (03320)

라온북은 독자 여러분의 소중한 원고를 기다리고 있습니다. (raonbook@raonasia.co.kr)

어느 시대에도 기업에 혁신을 가져다주는

300%
강한 영업

황창환 지음

 삼진어묵 영업 이익 316% 성장을 이룬

경영 전략의 핵심 기술!

OPEN TO PUBLIC
SMART PEOPLE
SIMPLE PROCESS

RAON
BOOK

당신의 기업은 '강한 영업' 즉, 돈 버는 능력을 가졌는가?

2020년 2월, 코로나19가 막 확산되기 시작할 즈음에 저는 아무 연고도 없고 사업상의 인맥도 없는 부산으로 향했습니다. 부산의 대표 식품 기업인 '삼진 어묵'을 퀀텀 점프시키기 위해 세 번째 사장으로 선임되었기 때문입니다. 산업과 사업 구조를 근본적으로 혁신할 방법을 찾고 있던 중이었는데, 대수롭지 않을 것 같았던 코로나19가 중국을 넘어 아시아권으로 확산되면서 코로나 팬데믹이라는 전대미문의 위기 상황을 맞닥뜨리게 되었습니다.

3월부터 확산된 코로나19로 인해 온 나라에 난리가 났고 대다수의 사업장들은 출퇴근 대신 재택근무와 언택트근무로 전환했습니다. 그로 인해 식품류 제품을 판매하고 유통하는

업의 특성상 회사의 매출 삭감은 불 보듯이 뻔했습니다. 정신을 바짝 차리지 않으면 퀀텀 점프는커녕 회사의 존폐가 흔들릴 수 있다고 직감하고는 지난 30년간 경영 컨설턴트로 활약하면서 쌓은 지식과 노하우를 총동원해서 대안을 찾기 시작했습니다. 그리고 결론을 내렸습니다.

"어떤 상황에서도 수익을 낸다! 강한 영업을 전면에 배치하자!"

수익을 내기 위한 방법에는 2가지가 있습니다. 쓰는 돈을 줄이거나 버는 능력을 키우거나 하는 것이죠. 이 2가지 방법을 모두 쓰기로 결정했습니다. 하지만 회사가 퀀텀 점프를 하기 위해서는 돈을 줄이는 방법만으로는 불가능했습니다. 그래서 한 가지 일(One Thing)에 초집중했습니다. 바로 버는 능력을 높이기 위해 모든 직원들에게 강한 영업을 가르치기 시작한 것입니다.

버는 능력이 강한 기업은 강한 영업을 한다

1993년부터 경영 컨설턴트로서 기업 경영에 본격적으로 참여하기 시작했습니다. 그 후 30년 가까운 시간 동안 강한 기업을 만들기 위해 노력했고, 그중 많은 시간을 할애해 강한 영업을 통해 강한 기업을 만드는 것에 전념해왔습니다. 그런

데도 제가 지금 가장 자신 없어 하는 부분이 영업이란 것을 생각하면 강한 영업이 얼마나 어려운 일인가 하는 생각을 하게 됩니다.

성공한 기업의 경영자들은 비즈니스 환경이 어려울수록 영업에서 돌파구를 마련하고자 시도하거나 영업을 크게 개선하고자 하는 욕구를 보였습니다. 그리고 기업에서 영업의 역할이 중요하다는 점을 명확하게 인지하고 있었습니다. 이러한 경영자들이 이끄는 기업들의 특징은 지금처럼 모두가 경영하기 어렵다고 하는 시기에도 지속적인 성장을 하고 있다는 것입니다.

제가 추진하는 '강한 영업'은 공유(Public), 사람(People), 프로세스(Process)가 주축이 되는 영업입니다. 일반적으로 영업은 조직의 외부에서 일어나기 때문에 영업 활동의 내부 공유가 하나의 축이 되고, 인공지능, 메타버스 등의 급격한 시대적 변화를 총괄하는 사람이 하나의 축이 되고, 프로세스는 모든 활동을 가장 체계적으로 만드는 활동으로 마지막 축이 됩니다. 다시 말해, 공유, 사람, 프로세스를 기본 축으로 하여 시장을 빠르게 확대해서 기업을 성장시키는 가장 강력한 경영 전략이 강한 영업인 것입니다.

강한 영업에서는 획기적인 성과를 추구하지 않습니다. 제가 컨설팅했던 기업들은 영업 조직을 강화해서 경영 성과를

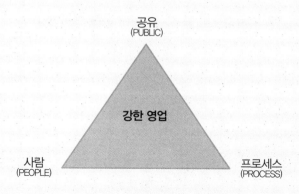

창출했고, 이러한 기업들은 동종 업계 기업들의 평균 성과를
초과해서 높은 수준의 성과를 계속해서 창출하고 있습니다.
그 결과 기업의 경쟁력은 강해졌고, 경영이 어려운 시기에도
지속적으로 성장하고 있습니다.

만약 이 책을 읽고 있는 당신이 기업을 경영하고 있거나
나중에 기업을 경영하고자 한다면, 혼란한 시기에 지속적으
로 높은 경영 성과를 올리기 위해서 어떻게 할 것인지를 깊이
생각해야 합니다. 그렇다면 과연 무엇에 집중 투자해야 할까
요? 제가 만난 강한 기업의 경영자들은 그 답을 영업에서 찾
았습니다. 그 경영자들은 지금도 강한 영업 조직을 만들기
위해 계속 노력하고 있습니다. 이런 기업들은 시장 환경에
크게 영향을 받지 않습니다.

매출을 지속적으로 올리는 영업이 강한 영업이다

코로나19로 인해 비즈니스 패러다임이 바뀌고 있는 지금 기업들은 지속적인 성장에 엄청난 어려움을 겪고 있습니다. 4차 산업혁명과 디지털 트랜스포메이션(Digital Transformation, 디지털 기술을 사회 전반에 적용하여 전통적인 사회 구조를 혁신시키는 것)으로 산업의 판이 바뀌고 시장이 성장하지 않는 환경에서 기업의 매출을 지속해서 성장시키는 것은 거의 불가능한 일로 보이기도 합니다. 그렇다면 정말 모든 기업이 성장하지 못하고 있을까요? 겉으로 보기에는 모든 기업이 마이너스 성장을 하고 있는 것 같지만 실제로는 그렇지 않습니다. 일례로 제가 컨설팅과 코칭을 진행한 기업들은 최근 3년 동안 지속적인 성장을 하고 있습니다.

지속적인 성장을 하고 있는 기업이라 하면 어떤 생각부터 드시나요? 뉴스를 화려하게 장식하고 있는 새로운 성장 산업 같죠? 하지만 그렇지 않습니다. 이 기업들은 우리가 알고 있는 새로운 산업 분야, 즉 스마트 팩토리나 인공지능과 관련한 성장 산업 분야의 기업들이 아닙니다. 그 기업들은 기존에 성장이 정체된 산업에 속한 기업들로, 강한 영업을 통해 매년 두 자릿수 이상의 높은 성장을 보이고 있습니다. 화학, 의료, 사료 등 시장이 전체적으로 부진한 산업군에서 뚜렷한 성장세를 보이는 것입니다.

영업이 강하다는 것은 시장에 의한 영향을 받지 않는다는 이야기입니다. 아무리 정체되어 있고 사양 산업 분야라고 해도 고객은 지속해서 새로운 구매를 하고 있습니다. 단지 그 총량이 성장하지 않거나 줄어들고 있어서, 그 한정된 총량에서 많은 기업이 더 치열한 경쟁을 하고 있는 것일 뿐입니다. 시장이 어렵다는 것이 그 산업에 있는 모든 기업이 어렵다는 이야기는 아닙니다. 단지 해당 분야의 전체 기업들이 성장하지 못해서 산업이 어렵다고 하는 것입니다.

강한 영업을 하고 있는 기업들은 시장이 급격하게 줄어들고 있는 사양 산업에 속해 있지만 안정적으로 매년 두 자릿수 성장을 해서 해마다 기록을 경신하고 있습니다. 사양 산업뿐만 아니라 급격히 성장하는 산업에서도 그 산업의 성장을 주도하면서 선두에서 활동하고 있습니다.

이런 기업들이 보유하고 있는 강한 영업 시스템을 사내에 구축할 수 있다면 기업의 전망은 매우 밝아집니다. 결국 중요한 것은 기업이 강한 영업을 하고 있는지 여부입니다. 강한 영업을 하고 있다면 시장이 어렵다거나 우리가 속해 있는 산업이 어렵다는 것은 기업 경영에 큰 문제가 되지 않습니다.

강한 영업의 3가지 핵심

많은 기업이 현장 영업 활동에 어려움을 겪고 있습니다. 그 이유는 영업 구조의 복잡성과 관련이 있습니다. 영업은 상황에 따라 반응하는 특징이 있어서 단순해야 하며, 구조가 정교해야 상대에게 설득력 있게 접근할 수 있습니다. 따라서 강한 영업은 단순합니다.

시간을 줄이는 선행 관리

고객의 기대를 명확히 파악하고 그 기대를 충족시킬 수 있는 핵심 행동이 정해져 있으면 영업 활동이 명확해집니다. 영업 단계별로 정해진 핵심 행동을 선행적으로 관리하여 높은 성과를 올릴 수 있도록 하는 것이 선행 관리입니다.

고객을 만드는 신뢰 관계

회사에서 고객의 결정에 영향력을 발휘할 수 있는 자원이 영업입니다. 그래서 영업과 고객의 신뢰 관계가 어떻게 구축되어 있는가에 따라 성과가 결정됩니다. 기업은 고객과 신뢰의 수준이 어떤가에 대한 기준을 가지고 고객층을 분류할 수 있어야 합니다.

직원을 키우는 공유 체계

공유 체계란 영업 직원이 시장 상황에 맞춰 제시할 수 있는 솔루션이 명확하게 구분된 것을 말합니다. 영업은 고객에 따라 대처하는 방법이 모두 다를 수 있습니다. 그래서 다양한 고객에게 빠르게 대응하는 방법이 필요하죠. 빠르게 대응하기 위해서는 평상시에 진행되는 영업 활동을 회사 내부에 빠르게 공유하여 그 사례를 체계화한 후에 현장 영업에서 상황에 맞는 솔루션을 활용할 수 있어야 합니다.

복잡한 논리와 가설이 실제 영업에서는 걸림돌이 되는 일도 있습니다. 그런 점에서 현장 영업은 단순해야 강해지는 특징이 있습니다. 강한 영업은 선행 관리, 신뢰 관계, 공유 체계의 3가지 요소로 표현할 수 있습니다. 그 외에 나머지 모든 요소들은 영업에서 부가적일 뿐입니다. 우리가 추구하는 영업은 선행 관리로 영업 소요 시간을 줄이고 신뢰 관계로 고객을 만들고 공유 체계로 직원들을 성장시킬 때 강해집니다.

황창환

5장

강한 기업을 만드는 강한 경영자

왜 강한 영업으로
강한 기업을
만들어야 하는가?

300%

01 새로운 트렌드보다는 경쟁력이 핵심이다

⬤● 새로운 경쟁력,
과연 무엇인가?

지난 10년간 서서히 진행되던 4차 산업혁명이 코로나19로 말미암아 10년 앞당겨졌다고 합니다. 최근의 기업 경영 트렌드가 메타버스, 인공지능, NFT 등 최신 이슈에 집중되어 있는 것도 그런 이유에서입니다. 또한 이러한 흐름을 반영한 기업 경영이 매우 중요한 경쟁력이 되고 있습니다.

미디어에서 떠들썩하게 각광받는 것과 달리, 이러한 트렌드를 단순히 추종한다고 해서 경쟁력이 생기는 것은 아닙니다. 기업이 기존에 하고 있는 사업에서 경쟁력을 가지고 있어야 합니다. 그 경쟁력은 시장의 구조적 저성장을 극복하고 지속적인 수익 구조를 확보할 수 있는 능력을 말하는 것입니다.

다음 그래프는 기업 규모별 만성적 한계기업의 수와 비중은 나타낸 것입니다. 여기서 '한계기업'이란 영업 이익을 이자 비용으로 나눈 지표인 이자보상배율이 3년 연속 1 미만인 기업을 말합니다. 전 세계적으로 유효 수요의 부족과 공급 과잉에 따른 구조적인 저성장이 지속되면서 3년간 이자를 상환하지 못하는 한계기업의 비중이 증가했습니다.

기업 규모별 만성적 한계기업의 수 및 비중을 보면 2015년 기준으로 최근 6년간 한계기업의 비중이 급격하게 증가하는 모습을 보이고 있습니다. 특히 중요한 포인트는 대기업들마저도 한계기업 비중이 12.4%로 급격하게 증가하고 있다는 것

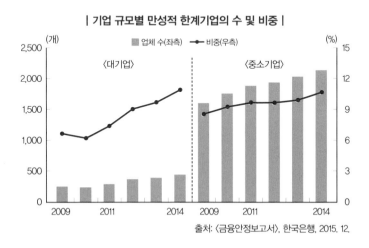

| 기업 규모별 만성적 한계기업의 수 및 비중 |

출처: 〈금융안정보고서〉, 한국은행, 2015. 12.

입니다. 이런 한계기업들이 계속되는 저성장 시대에 얼마나 오랫동안 비즈니스를 할 수 있을까요? 기업이 존속하기 위해서는 이익을 내야 합니다. 그렇다면 이익을 내기 위해서는 어떤 방법이 필요할까요? 기술이 중요할까요? 물론 기술이 중요하지만 기술만 중요한 것은 아니라고 생각합니다. 기존의 사업에서 경쟁력을 갖추기 위해서는 기술보다 일하는 방법이 필요합니다. 일하는 방법을 배워야 새로운 시대에 맞는 혁신을 시작할 수 있습니다. 또한 조직을 기민하게 움직이기 위해서는 조직을 잘게 나누고, 충분한 권한과 책임을 분리하는 자율운영체계를 도입해야 합니다.

지금과 같이 예측하기 어렵고 트렌드가 급변하는 상황에서는 몸집을 키우면 오히려 위험에 노출될 확률이 높아집니다. 그렇다고 무작정 직원 수만 줄이면 될까요? 그것은 하수나 하는 일입니다. 아무 기준 없는 인원 감축보다는 적정 직원 수를 유지하면서 날쌘 조직으로 탈바꿈하는 것이 핵심입니다.

●● 강한 기업은
단순한 영업 체계를 구축한다

세계적으로 영업에 강한 기업들은 복잡한 영업 구조를 단순화함으로써 시장 경쟁력을 강화합니다. 그 기업들은 수많은 영업의 구성요소를 프로세스(Process), 직원(People), 공유(Public), 즉 3P로 구분한 후 이를 선행 관리, 신뢰 관계, 공유 체계와 연결하는 특징이 있습니다. 프로세스는 영업할 때 여러 관점, 특히 고객 관점에서 영업하는 프로세스를 설계하고 지속적인 개선을 통해 업무의 혁신을 지향하는 것입니다.

직원은 체계적인 데이터 관리와 영업 활동을 상시 모니터링하며 고객들에게 새로운 가치와 신뢰를 제공하고자 하는 장인 정신을 추구합니다. 공유는 다양한 영업 사례를 공유함

| 3P의 영업 활동 과정 |

1 고객 관점의 영업 프로세스 설계와 지속 개선(고도화)	Process	선행 관리
2 결과뿐만 아니라 프로세스별 활동 과정의 선행적 관리		
	⊕	
3 영업 전략 실행을 위한 고객정보와 필요 데이터의 상시 관리	People	신뢰 관계
4 목표 달성을 위한 현장 영업 활동 상시 모니터링		
5 영업 비전, 목표, 전략 방향의 명확한 공유	⊕	
6 성공 사례 공유로 상호학습의 영업 문화 조성	Public	공유 체계
7 다양한 가시화 도구를 활용해 영업 조직의 실행 촉진		

으로써 상호학습하고 더 나은 영업 문화를 조성하기 위해 조직에 시너지 효과를 불어넣는 것입니다. '3P의 영업 활동 과정' 표를 보면 그 과정을 파악할 수 있습니다.

◉● 강한 영업에 집중해서
기업 경쟁력을 높인다

1959년, 수많은 실패 끝에 미국의 물리학자이자 발명가 체스터 칼슨이 일반 용지에 복사를 할 수 있는 최초의 사무용 자동복사기 Xerox 914를 내놓았습니다. 처음 체스터 칼슨의 복사기가 나왔을 때 제품을 출시한 회사는 핼로이드 제록스 (Haloid Xerox)였습니다(이후 제록스로 사명이 변경되었습니다).

이제는 '제록스(Xerox)'라고 하면 '문서를 복사한다'라는 뜻이 되었지만, 그 시절에는 처음부터 각광을 받지는 못했습니다. 여러 가지 이유가 있었는데, 우선 크기에 압도당했기 때문이죠. Xerox 914는 높이 1미터, 폭이 1.2미터, 무게가 294킬로그램에 달하는 초대형 기계였습니다. 게다가 구매 가격이 29,500달러였습니다. 현재 우리 돈으로 환산하면 3,570만 원 정도입니다. 지금도 큰 돈이지만 그 시절 가격을 생각해보면 누구나 쉽게 살 수 있는 제품이 아니라 아주 거금을 줘야 살

수 있는 기계였던 것이죠.

　그렇다면 어떻게 해서 회사명 제록스가 일반 명사가 될 징도로 복사기가 히트를 쳤던 것일까요? 바로 렌탈 방식을 도입했기 때문입니다. 기업들에게 적은 사용료만 지급하게 하고 편리하게 사용할 수 있도록 영업 활동을 한 것이 주효했습니다. 우리나라에서는 코웨이 등의 회사에서 정수기, 공기청정기 등의 제품을 렌탈 방식으로 영업을 하고 있습니다. 이 렌탈 방식은 고가의 제품을 고객에게 제공하고 정기적인 방문 관리를 통해 고객의 편익을 극대화하면서 기업의 이윤을 창출하는 것입니다. 이 방식은 많은 고객을 정확한 시기에 정확한 목적을 가지고 방문할 수 있는 영업 프로세스가 있어야 가능합니다.

　제록스의 영업 프로세스 개념은 1914년에 미국의 자동차 회사 포드(Ford)의 창립자 헨리 포드가 생산에 작은 '포디즘(Fordism, 자동차 생산 공장의 컨베이어벨트 시스템에서 유래한 것으로, 조립라인 및 연속공정 기술을 이용한 표준화된 제품의 '대량 생산과 대량 소비의 축적체제'를 일컫는 말이다.)'을 만들었던 것과 비슷한 수준의 혁신이라고 할 수 있습니다. 당시 제록스는 영업에서 제품을 판매하는 것이 아니라 고객에게 가치를 판매하는 방식으로 게임의 규칙을 바꾼 것이었습니다.

　지금도 제록스의 영업 조직은 전 세계 영업 조직 중에서 가장 강한 조직으로 평가받고 있습니다. 제록스가 지금까지의 경영에서 많은 성과를 올렸던 것은 3P 중 영업 프로세스의 체계적 운영 때문에 가능했습니다.

미국 사람들에게 "애플 하면 무엇이 떠오르는가?"라고 물으면 디자인을 잘하는 회사와 스티브 잡스가 떠오른다고 대답합니다. 많은 사람들이 알다시피, 애플(Apple)의 최고 경영자였던 스티브 잡스는 제품의 디자인을 매우 중요시했습니다. 같은 방식으로 "GE 하면 무엇이 떠오르는가?"라고 물으면 인재 양성을 잘하는 회사와 잭 웰치가 떠오른다고 대답합니다.

GE(General Electric Company)의 잭 웰치는 크론토빌 연수원을 중심으로 한 인재 양성을 중요시했던 경영자였습니다. 똑같은 질문으로 IBM(International Business Machines Corporation)에 관해 물으면 영업을 잘하는 회사라고 답하면서 창업자 토마스 왓슨이 떠오른다고 합니다. 100년 전에 IBM을 창업한 토마스 왓슨은 NCR Corporation(National Cash Register Corporation)에서 영업 직원으로 시작해서 부사장까지 승진한 사람이었습니다. 그는 이러한 영업 경험을 가지고 IBM을 창업한 이후 지속해서 영입에 집중했습니다. 그 후 100년 동안 IBM은 7명의 영업 직원 출신 CEO가 회사를 경영하면서 영업력의 IBM이라는 명성을 유지하고 있습니다.

영업력이 강하다는 세간의 평가처럼, IBM의 강점은 제품이 아니었습니다. 지금까지 IBM은 세상에 없는 제품을 만들어내지는 못했습니다. IBM은 2차대전 이후 컴퓨터 개발을 선도하는 기업으로 떠올랐지만, 컴퓨터를 처음 개발한 곳은 아니었습니다. 1946년 미국 펜실베니아 대학에서 '에니악(ENIAC)'을 개발하면서 컴퓨터 시장이 열렸습니다. 이 에니악의 자리를 이어받는 것이 대형 서버로 불리는 메인 프레임으로, 바로 이것이 IBM의 핵심 사업이었습니다. 개인용 컴퓨터 분야에서는 애플이 시장을 선점했죠. IBM은 인공지능이나 클라우드 서비스 등의 핵심 사업에서도 최초의 개발자나 시장의 선도자는 아니었습니다.

현재 IBM은 영업력을 기반으로 구조조정과 인수·합병을 계속하고 있습니다. 최근에는 클라우드 사업에 중요한 공개 소스 소프트웨어 회사인 레드햇(Red Hat)을 340억 달러(한화 38조 8천억 원)에 인수하면서 더욱 공격적인 경영을 진행하고 있습니다. IBM의 이러한 경영의 중심에는 치열한 경쟁 시장에서 고객에게 끊임없이 새로운 가치를 제공하는 영업 직원들이 있습니다. 이는 강한 영업의 3P 중 사람인 직원들의 신뢰 관계와 연계되는 것입니다.

IBM 외에도 영업에 힘쓰는 기업이 또 있습니다. 도요타 자동차의 아키노 사장은 모빌리티 컴퍼니(Mobility Company)라는 이름으로 비즈니스 모델의 전면 변경을 선포했습니다. 즉 도요타는 자동차를 만드는 제조 회사에서 사람들의 모빌리티(이동성)를 위한 서비스 회사로 전환한 것입니다. 도요타 모빌리티 컴퍼니의 핵심은 시장에서 고객이 원하는 것을 먼저 파악하여 필요한 때 필요한 것만 제공한다는 것입니다. 더 놀라운 것은 도요타 자동차 비즈니스 모델 전면 변경의 핵심이 인공지능이나 자율주행 같은 첨단 기술이 아니라 JIT(Just in time)를 기반으로 한 영업력이라는 점입니다.

80년 전 방직기를 만들던 도요타가 자동차 시장에서 넘버 원 브랜드가 된 핵심에는 JIT 기반의 영업력이 있었습니다. 일본 자동차 업계에서 닛산은 기술력을 상징하고 도요타 자동차는 영업력을 상징합니다. 닛산은 동경대 출신의 수재들을 중심으로 기술력을 강화해온 회사인 반면, 도요타는 상대적으로 일본의 지방 인재들을 중심으로 영업력을 강화해온 회사입니다. 그래서 지금도 '기술의 닛산, 영업력의 도요타'라는 말이 있죠. 강력한 영업력으로 시장에 이동성을 제공하는 회사를 추구하는 것입니다.

도요타 자동차의 JIT는 영업에서 자동차 판매량을 차종별, 일자별로 성확히 예측해주기 내문에 가능했습니다. 도요타 자동차는 모든 영업 조직의 활동을 전사에 공유하여 그 자료를 기반으로 필요한 때에 필요한 자동차만 생산하는 방식으로 공장의 생산성을 극대화했던 것입니다. 이러한 성공 공식을 업그레이드한 도요타 자동차는 영업 조직의 활동을 전사에 공유하는 역량을 기반으로 모빌리티 컴퍼니로의 전환을 추구하고 있습니다. 이것은 고객이 원하는 것을 먼저 파악하고 그에 적합한 서비스를 제공하는 방식으로의 비즈니스 전환입니다. 이는 영업의 3P 중 공유 체계(Public)에 해당합니다.

앞에서 거론한 세계적 기업들의 공통점은 이미 저성장 시대에 적응하면서 높은 성장을 보이는 기업들이란 점입니다. 이 기업들의 높은 경영 성과는 강한 영업을 기반으로 합니다. 이 기업들이 보여주는 강한 영업의 공통된 특징은 영업의 3P 중 한 가지에 특별한 노하우를 가지고 있다는 것입니다.

02

강한 영업만이
지속 성장을 가능하게 한다

●● 저성장 시대일수록
남다른 영업 전략이 필수다

앞으로 10년은 구경제와 신경제가 본격적으로 교체되는 시기입니다. 대다수 산업이 구경제에 속하는 우리나라 기업들의 경우 성장률 저하가 급속히 진행될 것이며, 신경제로의 전환을 못하는 기업들은 도산해서 사라지게 될 것입니다. OECD에서 전망한 한국의 장기 경제성장률 자료를 인용하면, 향후 10년 이후부터 한국 경제는 1.0% 수준의 성장을 할 것으로 전망됩니다. 보통 경세가 평균 5% 성징하면 많은 기업이 시장에서 높은 성과를 낼 수 있습니다. 하지만 경제성장률이 1% 대로 떨어지면 강한 기업만이 시장에서 성과를

| OECD 장기 세계 경제 전망 보고서 |

구분	1995~2011년	2011~2030년	2030~2060년
World	3.5%	3.7%	2.3%
OECD 가입국	2.2%	2.2%	1.8%
OECD 미가입국	6.7%		2.8%
한국	4.6%	2.7%	1.0%
중국	10.0%	6.6%	2.3%
일본	0.9%	1.3%	1.5%
인도	7.5%	6.7%	4.0%
미국	2.5%	2.3%	2.0%

출처: 〈장기 세계 경제 전망 보고서〉, OECD.

낼 수 있습니다.

미국의 전 재무 장관이었던 서머스 장관이 영국의 〈파이낸셜타임스〉에 게재한 칼럼에 소개된 '뉴노멀(New Normal)'이란 단어가 최근 화두가 되었습니다. 이는 2007년 세계 경제 위기 이후 각국 정부의 경기 활성화 정책에도 불구하고 선진국의 경기가 장기적으로 저성장에 머문다는 것입니다. 실제로 2007년 이후 지금까지 미국을 비롯한 선진 산업 국가들이 3% 미만의 저성장에서 빠져나오지 못하고 있습니다. 한국 경제도 저성장의 상태로 접어들었습니다. 이제 우리 기업들도 저성장 시대에 대한 적극적인 대비가 필요합니다.

저성장 시대를 먼저 경험한 기업은 어떻게 대처했을까요?

우선 애플을 그 사례로 살펴보겠습니다. 애플은 미국 경제가 가장 어렵다고 하는 2007년에 스마트폰을 출시했습니다. 아이폰의 첫 출시 때 고객들이 매장 앞에 길게 줄을 서서 아이폰을 구매해서 큰 화제가 되기도 했습니다(그 이후로도 새로운 아이폰이 출시될 때마다 줄서기 행렬은 죽 이어졌습니다). 애플은 아이폰에 이어서 아이패드, 아이클라우드 서비스 등 새로운 가치를 시장에 제공하면서 기존의 고객들을 꽉 움켜쥐는 '록인(Lock-in) 전략'을 실행했습니다. 이 전략으로 애플은 미국 경제가 가장 어려웠던 시기에 시가총액 800조 원이 넘는 새로운 기록을 경신하며 놀라운 성장을 지속했습니다.

저성장 시대에는 기업들의 경쟁이 더 치열해져서 많은 기업이 생존에 어려움을 겪지만, 이때도 높은 성과를 내면서 성장하는 기업들은 있습니다. 이런 기업들의 특징은 애플처럼 기존 고객들을 꽉 움켜쥐는 록인 전략을 구사한다는 점입니다. 하지만 국내의 중소기업들은 애플처럼 지속해서 제품 개발에 의한 록인 전략을 쓰기는 어렵습니다. 그래서 이 책에서는 영업에 의한 록인 전략을 제시하려 합니다.

'강한 영업'은 록인 전략으로 고객과 높은 신뢰 관계를 만들기 위해 고객의 요구를 빠르게 찾아 정확하게 해결합니다. 기존에 표준화된 제품을 판매하는 영업이 아니라 회사가 가지고 있는 역량의 범위에서 고객의 기대를 충족시킴으로써 고객을 록인하는 것입니다.

화학제품을 판매하는 회사를 예로 들면, 이 영업 조직에서는 고객과 새로운 거래를 위해 복잡한 절차를 진행해야 합니다. 따라서 영업 직원은 주도적으로 계약을 수주하기보다는 기업의 임원이나 경영자의 의중에 따라 거래가 결정된다고 주장합니다. 물론 큰 규모의 거래에는 이러한 논리가 작용하기도 합니다. 하지만 대상 기업들은 자신들에게 이익이 되는 제안을 먼저 하는 거래처를 더 선호합니다. 단지 이러한 제안을 하는 기업들이 많지 않기 때문에 먼저 대상 기업을 선정하여 먼저 요구하는 것입니다. 강한 영업은 고객의 요구가 있기 전에 고객이 불편해하거나 스스로 발견하지 못한 요구를 찾아 먼저 제시하는 것입니다.

제가 컨설팅을 진행했던 한 회사는 반월공단에서 화학 약품을 제조하여 톤 단위로 납품을 하는 곳입니다. 이 업종의 특성상 새로운 거래 계약을 하면 고객들은 입찰 방식을 선호합니다. 그런데 문제는 최저가 입찰이 많다는 것입니다. 이런 거래 방식 때문에 입찰 경쟁이 심할 경우 부득이 제조원가 이하에도 납품하는 방식으로 기업의 매출은 유지했지만 수익은 적자를 보고 있었습니다.

이 회사에서는 기존의 영업 방식을 과감히 변경해서 기업의 전체 고객 중에서 우선 투자 고객을 먼저 선정하고 그들이 원하는 제품을 빠르게 개발하여 대응하는 우선 투자 고객의 록인 전략을 실행했습니다. 이런 영업에서는 경쟁사가 대응하는 데 많은 시간이 필요하므로 단순히 입찰에 응하는 경우보다 훨씬 높은 가격으로 많은 물량의 납품을 독점할 수 있었습니다. 영업 방식을 변경하고 6개월이 지나자 영업 직원이 하나의 대형 거래처에서 회사 전체의 연매출 10%에 해당하는 규모의 거래를 성공시키는 성과를 거뒀습니다. 이러한 성과는 영업 직원이 고객의 요구를 빠르게 파악하여 회사의 개발 역량과 접목하게 함으로써 가능했던 일입니다.

이렇게 매출은 성장하고 있지만 영업 활동의 부족으로 가격에만 의존하는 영업을 하고 있어서 기업의 이익이 나빠진

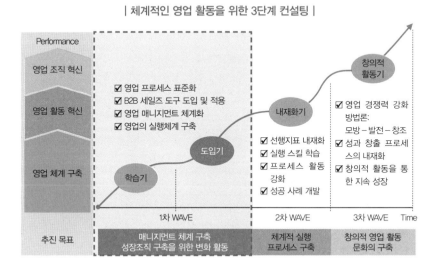

| 체계적인 영업 활동을 위한 3단계 컨설팅 |

상황에서 기존의 영업 조직으로 체계적인 영업 활동을 할 수 있도록 지원하는 컨설팅은 총 3단계로 진행됩니다. 첫 번째 매니지먼트 체계 구축 단계를 거쳐서, 두 번째 체계적 실행 프로세스 구축 단계, 세 번째 창의적 영업 활동 문화의 구축 단계로 진행되는 것입니다.

6개월간 컨설팅을 진행하면서 얻은 성과는 영업 직원들의 거래처 방문 횟수가 획기적으로 개선되어 실제 매출이 증가하는 결과로 나타났습니다. 다음의 표에서는 컨설팅을 진행하면서 주차별로 영업 직원들의 방문 횟수가 획기적으로 개선되는 모습을 나타냅니다. 표의 세로축은 주간 방문 건 수이고, 가로축은 컨설팅을 진행하는 기간을 주별로 표시한 내용입니다.

| 주간 방문 횟수의 개선 상황 |

주간 방문 건 수

컨설팅 진행 기간

검은색 그래프: 민간 기업을 담당하는 영업 1팀의 주간 방문 횟수 누계 총합
보라색 그래프: 공공 기업을 담당하는 영업 2팀의 주간 방문 횟수 누계 총합

●● 차별화된 영업 전략이
   기업 성장을 주도한다

초연결 시대는 사람, 프로세스, 데이터, 사물 등을 포함한 모든 것이 네트워크, 즉 인터넷에 연결된 사회를 뜻합니다. IT 기술의 발달로 인해 사람과 사람, 사람과 기기, 기기 간 네트워크가 거미줄처럼 긴밀하게 연결된 사회인 것이죠. 이렇게 긴밀하게 연결되면 어떤 일이 벌어질까요? 고객들이 시장에서 제품을 구매할 때 관련 정보를 원하는 수준까지 얻게 됩니다.

일례로 개인이 구매하는 물건 중에 고관여 제품(소비자가 제품을 구입하는 과정에서 시간과 노력을 많이 들이는 제품) 중 하나는 자동차라고 할 수 있습니다. 이렇게 높은 가격이나 복잡한 성능을 가진 물건을 구매하는 경우에 기존에는 영업 직원이나 관련된 전문가들로부터 정보를 얻어 구매하는 경우가 일반적이었습니다. 하지만 초연결 시대에 자동차를 구매하는 고객들은 자신이 원하는 정보를 SNS, 블로그, 해외 직구 등을 통해서 얼마든지 얻을 수 있습니다. 특히 구매 결정에 민감한 가격 정보의 경우에는 인터넷을 통해서 실시간으로 조회할 수 있고 얼마든지 손쉽게 가격 정보를 획득할 수 있습니다.

결국 자동차 전시장에 찾아오는 고객들이 영업 직원들에

게 정보를 얻는 시대는 이미 지났습니다. 이제 자동차 전시장에 찾아오는 대부분의 고객은 영업 직원들보다 자동차에 대해 더 많은 정보를 알고 있습니다. 단지 고객은 자신이 가지고 있는 정보를 영업 직원을 통해 확인하고 새로운 정보를 추가하기 위해 방문하는 것입니다.

1년간 자동차 대리점의 영업을 지원하는 컨설팅을 한 적이 있습니다. 프로젝트가 진행되는 동안 제가 대리점 현장에서 만난 고객들은 영업 직원들의 응대 태도에 불만을 토로했습니다. 그 불만의 대부분은 영업 직원들이 고객들이 원하는 정보를 제공하지 못하고 자동차에 대해 틀에 박힌 정보만 일률적으로 제공한다는 것이었습니다. 자동차 판매 전시장을 방문하는 고객들은 가격이 비싸기도 하고 자신에게 의미가 있는 제품인 자동차를 구매하기 위해 전시장까지 옵니다. 즉 전시장의 영업 직원들에게 어떤 서비스를 받을 거라고 기대를 하고 방문한 것입니다. 그런데 막상 대리점에서는 고객들의 그런 기대를 충족시키지 못했던 것입니다.

바로 이런 점 때문에 영업에서 차별화 전략이 필요합니다. 결국 차별화 전략은 고객이 원하는 정보를 고객이 원하는 방식으로 제공할 수 있어야 가능합니다. 이 자동차 대리점 사례는 같은 전시장에서 일하는 영업 직원들이 방문하는 고객들의 니즈(needs)나 요구를 공유하여 대응하면 더 좋은 결과를 얻을 수 있었는데 그렇지 못해서 벌어진 일이었습니다.

영업 직원은 자신의 분야에서 새로운 정보를 매일 확보할 수 있어야 합니다. 그 방법 중 가장 효과적인 것은 같은 일을 하는 영업 직원들이 모여 각자의 경험을 공유하는 것입니다. 매일 같은 주제에 대해 현장에서 경험한 정보를 공유하는 방식보다 더 좋은 새로운 정보를 획득하는 방법은 없습니다.

실제로 제가 컨설팅을 진행한 자동차 대리점에서는 직원 간의 원활한 소통을 위해 매일 아침 영업 직원들이 모여서 전날 자신들이 만난 고객의 사례를 공유했습니다. 공유하는 주요 내용은 세일즈 현장에서 고객들이 어떤 것에 관심을 보였다는 것, 어떤 제안을 했을 때 고객의 반응이 좋았다는 것 등이었습니다. 이렇게 고객과 관련된 정보를 매일 아침 공유함으로써 실제 고객을 만났을 때 어떻게 대응해야 하는지에 대한 다양한 방법들을 만들 수 있습니다. 중요한 점은 이 토론을 매일 진행한다는 것입니다.

자동차 대리점 조회 시간에 단순히 지시사항을 전달하던 방식에서 벗어나 영업 직원들이 전날 경험한 정보를 공유하고 토론하는 방식으로 전환한 다음에 대리점에 찾아온 고객들의 자동차 구매율이 15% 이상 상승하는 효과를 얻었습니다. 이러한 변화로 대리점의 자동차 판매 대수가 증가했고, 자연히 영업 직원들의 수입도 증가했습니다. 좋은 일은 이뿐만 아니었습니다. 대리점의 이러한 분위기가 알려지자 이 대리점에서 영업하기를 희망하는 지원지들이 늘이 영업 직원의 수가 늘어났습니다. 영업하는 인원이 느는 만큼 공유하는 정보의 양도 많아져서 새로운 고객들을 더 많이 확보할 수 있게 되었습니다. 선순환이 일어난 것입니다.

정리하면, 영업에서의 차별화 전략은 고객이 다른 곳에서 경험하지 못한 것을 제공하는 영업을 하는 것입니다. 차별화 전략을 실행하기 위해 영업 직원은 경쟁자들보다 더 많은 고객 정보를 가지고 있어야 합니다. 영업 직원이 새로운 정보를 제공하지 못하거나 차별화된 가치를 제시하지 못하면 고객은 제품을 구매하지 않습니다. 그래서 영업 직원은 항상

| 자동차 회사 고객 정보 방식 |

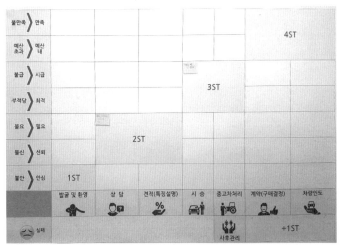

자신의 정보를 최신의 상태로 유지해야 합니다. 이러한 작업을 지속해서 실행하는 방법은 매일 일정한 시간을 투자하여 정보를 업데이트 하는 것입니다. 특히 혼자서 하는 것보다 같은 일을 하는 영업 직원들이 함께할 때 그 효과는 훨씬 더 커집니다.

강한 영업은 기업에 돈을 벌어들이는 유일한 자원이다　03

●● 영업을 잘하는
기업만이 성장한다

기업의 경영 자원을 5가지로 구분하면 재무관리, 인적자원관리, 생산관리, 영업관리, 회계관리로 나뉩니다. 그중에서 영업은 기업이 생산한 가치를 시장에 제공함으로써 기업에 돈을 벌어들이는 유일한 자원입니다. 이를 전쟁과 비교하면 군대가 전투하기 위해서는 여러 자원이 필요하지만, 승부를 결정짓기 위해서는 보병이 전투 지역을 점령해야 하는 것과 같습니다. 기업의 경영에서도 5가지 자원이 필요하지만, 경영의 성과를 결정짓는 것은 돈을 벌어들이는 영업입니다. 경쟁이 치열한 시장에서는 영업에서 더 많은 매출과 수익을 올리는 기업이 승리합니다. 영업의 역할은 평상시보다 저성장 시대에 더욱 중요해집니다.

경제가 고성장을 할 때는 시장 전체에 수요가 많습니다. 치열하게 경쟁하지 않아도 대부분의 기업들이 자사의 가치를 시장에 제공할 기회를 얻습니다. 하지만 저성장 시대에는 소비자들이 꼭 필요한 것만 구매하기 때문에 소수의 강한 기업들만 기회를 얻습니다. 저성장 시대의 경제에서는 대기업들보다 중소기업들이 직접적인 충격을 받게 됩니다. 그중에서도 브랜드 인지도가 낮거나 확실한 1등 제품이 없는 기업들이 받는 충격은 더 큽니다.

저성장 시대에 대기업들은 영업에 더 많은 인력과 비용을 투입합니다. 이러한 투자 활동으로 비용 증가를 감수하면서 기업의 매출 규모를 유지하려고 노력하는 것입니다. 그 이유는 기업이 매출 규모를 유지하지 못한다는 것이 시장에서의 퇴보를 의미하기 때문입니다. 게다가 한번 줄어든 매출 규모를 다시 올리기 위해서는 기존 매출을 유지하는 데 드는 비용의 3배 이상이 든다는 사실을 알고 있기 때문입니다.

비용과 인력 면에서 충분한 여력을 갖추지 못한 중소기업들은 어떻게 대응할까요? 중소기업들은 대기업들의 방법을 따라 하기 어렵기 때문에 즉각적인 효과를 볼 수 있는 가격 인하를 통해 시장에 물량을 대량으로 유통하는 전략을 씁니다. 이러한 전략을 이용하면, 단기적으로는 회사의 재고를 줄여 경영 상황을 일시적으로 호전시킬 수 있습니다. 하지만 장기적으로 진행되는 저성장 시대에는 가격을 계속 인하하며 대응하는 방법이 불가능합니다. 그래서 필요한 방법이 기업에 강한 영업을 구축하는 것입니다. 특히 영업 인원이 1인 또는 소수인 중소기업들의 경우에는 더욱 단순하고 강한 영업이 필요합니다.

제가 지도한 한 원두커피 제조 기업은 커피를 추출하는 특별한 기술에 대한 특허를 가지고 있었습니다. 이러한 기술력을 기반으로 시장이 한창 성장할 때는 영업 직원을 두고 영업을 하면서 5년 이상을 지속적으로 성장했습니다. 하지만 원두커피를 수입하는 회사들이 점점 늘어나면서 시장이 포화되기 시작했고 다른 제조업체들과의 경쟁이 치열해졌습니다. 이러한 경쟁에 처음에는 기술의 차이만 내세우며 대응하지 않았지만, 시간이 지날수록 거래처가 줄어들었고 결국 회사의 매출이 급격하게 감소했습니다.

이 기업은 결국 매출을 유지하기 위해 거래처에 납품하는 단가를 경쟁사와 같은 수준으로 낮추고 특히 대형 거래처에는 더 낮은 가격으로 대응하기 시작했습니다. 이러한 대응 방법으로 일시적으로 매출이 증가했지만, 매번 가격으로 대응했기 때문에 회사의 이익 구조가 악화되었고 결국 자금의 조달에 어려움을 겪기 시작했습니다.

　이러한 문제점을 해결하기 위해 강한 영업을 도입해서 영업 프로세스를 고객의 기대사항 중심으로 최대한 단순화하는 작업을 했고, 많은 거래처 중에 주요 거래처를 선별하여 록인 전략과 차별화 전략을 진행했습니다. 또 변경된 영업 방식을 회사 내부에 공유하여 고객들의 변화에 빠르게 대응할 수 있는 공유 체계를 구축했습니다.

　이 작업을 진행하는 데 걸린 시간은 3개월이었지만 그 결과는 강력했습니다. 강한 영업을 시행하고 난 후 매출이 점차 성장했고 대형 거래처에 적용한 록인 전략으로 회사의 신제품을 추가로 납품하는 성과를 거뒀습니다. 이 회사는 경제가 가장 어렵다는 시기에 강한 영업을 도입하여 단기간에 매출 규모를 감소에서 증가로 전환하는 데 성공했습니다.

| 강한 영업 프로세스 4단계 |

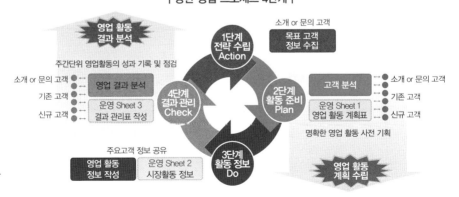

순번	고객명	상담일자	접촉 횟수			소개/문의	계약 관련 진척사항				비고
			전화	방문	기타		접촉	상담	협상	계약	
1	라인프렌즈	4.25		1				1			12월 계약 만료, 이후 업체 변경
2	더리더	4.25		1	1	1					메일로 견적서 발송
3	올담	4.26		1					1		아모제 → 올담 업체변경 건 협의
4	수엠부	4.27		1				1			디저커피 거래 업체(관리)
5	바오커피	4.27		1				1			이니시오 거래 업체(저가형 납두 협의)
6	커피베이	4.27		1				1			디저커피 거래 업체(사장 해외 출장 중)
7	이안커머스	4.27		1				1			인터넷 판매 협의(우정청 5월 중 협의)
8	김대표	4.28		1		1		1			커피온랩 협의
9											
10											

주차	거래처 수										계약 건수		
	목표					실적					목표	실적	달성률
	고객 소개	접촉	상담	협상	계약	고객 소개	접촉	상담	협상	계약			
						2	0	6	1	0		9	

이 커피 회사의 문제점을 해결하기 위해 도입한 것은 4단계 강한 영업 프로세스였습니다. 4단계의 강한 영업 프로세스를 구축하여 실제 영업에 활용해서 기존 고객관리와 신규 고객 발굴의 성과를 높이는 데 성공했습니다. 이 기업의 강한 영업 프로세스 4단계는 전략수립, 활동준비, 활동정보, 결과관리로 나뉩니다. 그중에 활동준비 단계에서는 '영업 활동 계획표 작성 내역' 표의 항목들을 중심으로 영업을 준비한다면 효율적인 고객관리가 가능해집니다.

강한 영업의 활동으로 만들어진 성과가 계속 유지되기 위해서는 마지막인 4단계 과정에서 결과 관리표를 작성한 후 꾸준히 노력해야 합니다.

| 결과 관리표 |

계획 일자		17	18	19	20	21
계획 요일		월요일	화요일	수요일	목요일	금요일
주차	기존 거래처	근로자의 날	커피온탭 1호점	석가탄신일	커피창고	어린이 날
	신규 거래처		위치커피			
	기타					

이 기업은 단순하게 설정된 4단계 영업 프로세스 관리를 통해 기존 고객들의 매출을 증대시켰고 신규 고객을 발굴해

고객층을 확대하는 성과를 올렸습니다. 그 결과 기존의 적자 구조에서 벗어서 매출이 빠르게 성장했습니다.

●● 조직의 결단과 투자가 우선이다

저성장 시대에는 경영자의 결정이 기업 성과에 큰 영향을 끼치게 됩니다. 강한 영업 조직은 모든 시장의 변화에 선행적으로 대처하며 고객과 신뢰 관계를 통해서 지속해서 록인 전략을 실행하고 그 내용을 기업 전체에 공유하는 특성이 있습니다.

강한 영업 조직은 회사에서 고객을 대변하며 항상 시장 변화에 선행적으로 대처하기 때문에 고객들의 요구가 무엇이고 그것을 충족시키기 위해서 어떤 일을 해야 한다는 방향을 제시합니다. 또 고객에게는 요구 해결의 가능성을 제시하고 늘 새로운 방식으로 더 높은 가치를 제공하여 고객과 높은 신뢰를 구축하는 특성이 있습니다. 더 중요한 것은 회사 내부에서 고객을 대변하고 자신들의 영업 활동을 공유하면서 계속해서 더 나은 개선책을 개발한다는 것입니다.

강한 영업 조직을 구축하기 위해서는 기업의 결단이 필요합니다. 제가 경험한 중소기업에서는 대부분 적은 인원으로 영업 조직이 구성되어 있거나 대표가 혼자서 영업을 하는 경우가 많았습니다. 영업 인원이 적다는 것 외에도, 영업 활동만 하는 것이 아니라 생산관리나 인적자원관리 등 기업의 다른 활동과 같이 겸하고 있어서 영업에만 집중하기가 어려운 경우도 있었습니다.

영업상의 이런 문제점을 개선하기 위해서는 세일즈 프로세스와 구매심리 프로세스를 구축하여 선행 관리를 할 수 있는 체계를 만들어야 합니다. 이러한 작업을 할 때 처음에는 추가 시간을 투입해야 하지만, 프로세스가 구축되면 영업에서 놀라운 변화를 만들어냅니다. 우리가 재미로 당구를 치게 되면 친구들과 어울려 당구를 치면서도 TV를 보거나 식사를 하는 것과 비슷합니다.

그렇게 되기 전에 한 가지 전제조건이 있습니다. 당구 실력을 높은 수준까지 올리기 위해서는 일정한 투자가 필요하다는 것입니다. 그 투자는 당구장에서 보내는 시간이 될 수도 있고, 당구 치는 비용으로 지급하는 돈일 수도 있습니다. 시간과 돈을 많이 들이면 언젠가는 실력을 올릴 수 있습니다만, 더 확실한 방법은 당구 고수로부터 체계적인 코칭을 받는 것입니다. 이러한 투자가 이루어지지 않으면 높은 수준의 당구 실력을 갖추기 어렵습니다.

강한 영업에도 일정한 투자가 이루어져야 합니다. 우선 선행 관리가 이루어져야 하고, 영업 직원이 외부 활동을 통해 고객과 신뢰 관계를 구축하고 내부에 공유함으로써 새로운 가치를 창출할 수 있게 됩니다.

강한 영업만이
살길이다

●● 레드오션 반려시장에서
매년 두 자릿수 매출 성장

지난 10년간 성장한 시장이라면 반려동물 시장을 꼽을 수 있습니다. 2005년부터 반려동물 시장이 만들어졌고, 급격히 성장하기 시작한 2010년 무렵부터 많은 경쟁자들이 등장했습니다. A기업은 10년 전 '고양이 모래'로 창업한 후에 꾸준히 성장해왔지만, 지금까지는 대표의 경험에 의한 경영을 계속해왔습니다. 하지만 매출 규모가 커지면서 이러한 경영은 한계에 부닞치게 되었습니다.

제가 이 기업을 컨설팅하기 시작한 것은 대표가 혼자서 하던 영업에서 벗어나 인원을 보강해 영업팀을 만들었을 때였습니다. 처음 3개월 동안은 4명의 영업 직원과 함께 기존의 거래처와 취급 품목을 정리하고 새로운 거래처를 발굴하기 위한 작업을 진행했습니다. 고객의 기대 중심의 영업 프로세스를 만들고 그에 맞춰 핵심 행동을 정리한 다음에 주간 단위로 프로세스의 진행 상황을 점검했습니다. 이 과정이 진행되는 동안 대표와 영업 팀장은 격주로 진행되는 코칭에 한 번도 빠지지 않고 참석했습니다.

두 번째 프로젝트가 진행된 것은 1차 프로젝트로 3개월간 진행된 영업 프로세스로 영업 활동이 탄력을 받을 때부터였습니다. 격주마다 대표와 영업 팀장이 중심이 되어 영업 활동에 대한 피드백을 진행했고, 저는 그 결과를 수치로 만들어 지속해서 고객의 기대 중심의 영업 활동이 진행될 수 있도록 격려했습니다.

특히 두 번째로 진행된 3개월의 프로젝트에서는 거래처의 신규 발굴과 기존 거래처의 거래 확대에 따른 성과들이 나타나기 시작했고, 그로 인해 신규 거래처 매출액과 기존 거래처의 거래 규모가 증가하기 시작했습니다. 이러한 결과들이 나타나면서 모두가 강한 영업에 대해 자신감을 가지기 시작했고, 단순한 일을 반복적으로 실행함으로써 영업 활동의 양적인 증가가 눈에 띄게 많아지는 변화가 생겼습니다.

세 번째로 진행된 프로젝트에서는 영업 활동의 효율화 작업이 진행되었습니다. 지난 6개월 동안 양적인 활동을 증가시켜 성과를 올렸지만, 이로 인해 영업 업무량이 많아지고 단계적으로 진행되는 프로세스로 인해 특정 거래처의 중요한 영업 안건들이 해결되지 않고 지연되는 부작용도 발생했습니다. 이러한 문제를 해결하기 위해 우선 진행한 것은 개인별로 연간 단위의 목표를 설정하는 것이었습니다. 지금까지의 영업은 회사의 전체 매출 목표를 달성하기 위해 노력한 것이었습니다. 이러한 방식을 확장해 영업 직원 개인 단위까지의 연간 목표를 설정한 다음에 그 목표를 달성하기 위해 DIME 모델을 활용하여 거래처를 분류하고 거래처별로 전략을 차별화했습니다.

| 강한 영업 세분화 모델 – DIME 모델 |

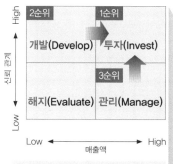

"D고객군은 I고객군으로,
M고객군을 I고객군으로 유도해야 함"

D	신뢰 관계는 높으나 매출액이 낮은 고객들로 향후 적극적인 관계 개발(Develop)이 필요
I	신뢰 관계 및 매출액이 모두 높아 적극적인 투자(Invest)로 이탈 방지 및 수익 극대화가 필요
M	신뢰 관계는 낮으나 매출액 높은 고객들로 지속적인 관리(Manage) 필요
E	신뢰 관계 및 매출액이 모두 낮아 엄선하여 해지(Evaluate) 필요

- 신뢰 관계: 매출/수주에 기여할 수 있는 인적 네트워크
- 매출액: 현재까지 기업에 기여한 매출/수주액

DIME 모델은 고객과의 신뢰 관계 및 매출액을 기준으로, 개발(Develop), 투자(Invest), 관리(Manage), 해지(Evaluate)의 4개 분류로 고객을 구분하여 관리하는 모델입니다. 이 모델을 활용하면 고객과의 장기적인 거래에서 신뢰와 매출을 동시에 증대시킬 수 있는 강한 영업 활동이 가능해집니다.

DIME 모델은 강한 영업의 중요한 포인트입니다. 이 모델을 통해 얻어진 성과는 크고 강력해서 많은 기업들이 이 모델을 활용하여 높은 성과를 만들고 있습니다. 다음 그래프에서 그 사례를 찾아볼 수 있습니다.

| DIME 모델을 활용하여 고객 발굴을 확대한 성과 |

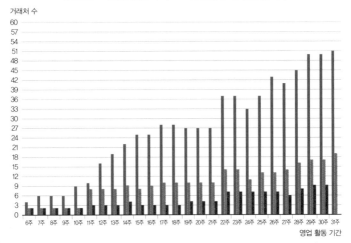

회색 : 영업 직원 전체의 거래처 방문 건 수
연보라색 : 영업 직원이 거래처에 방문했을 시 주문 상담 건 수
보라색 : 영업 직원이 거래처에 방문했을 때 주문받은 건 수

A기업의 경우 고객의 기대를 중심으로 DIME 모델을 활용하여 고객을 구분했습니다. 우선적으로 신뢰 관계가 높은 고객군을 투자 고객군으로 전환하는 작업에 필요한 기본 방

| 신뢰 관계가 높은 고객군 관리 방법 |

"D고객군은 I고객군으로,
M고객군을 I고객군으로 유도해야 함"

D	신뢰 관계는 높으나 매출액이 낮은 고객들로 향후 적극적인 관계 개발(Develop)이 필요
I	신뢰 관계 및 매출액이 모두 높아 적극적인 투자(Invest)로 이탈 방지 및 수익 극대화가 필요
M	신뢰 관계는 낮으나 매출액 높은 고객들로 지속적인 관리(Manage) 필요
E	신뢰 관계 및 매출액이 모두 낮아 엄선하여 해지(Evaluate) 필요

기본 방침

1. 전년 대비 매출 10% 달성: 지속성장 유도 – 매출 이익 20% 유지
2. 신뢰 관계 유지 및 강화 – 추가적인 솔루션 및 제안
3. 고객 솔루션 제공을 위한 과제 수행 – 프로세스 제공 및 고객 대응
4. 환경안전관리 철저 – 배송, 운송, 납품, 품질 등에 대한 체크

체크 사항

1. 현장에 대한 정보수집 관리 – 현장 모니터링, 경쟁업체 여부, 공정문 체크
2. 새로운 니즈 발굴
3. 월별 매출 관리: 1% 상승 여부 확인
4. 환경안전관리 확보
　– 주기적인 체크와 차량체크 리스트 등을 관리　　– 사고 시 대응 매뉴얼 숙지 및 배치
　– 비상 연락망 체계 구축　　　　　　　　　　　– 운송 사와 협력하여 안전관리

중점 액션(Action)

1. 월별 매출 이익 분석(보고서)
2. 정기적인 업체 방문: 정보획득 및 니즈 파악의 기록 및 관리 유지
3. 월 1회 안전관리 교육 및 협의(운송 사, 공급 사, 납품기사)
4. 월 1회 새로운 아이템이나 솔루션 제공을 위해 아이템 회의 실시
　– 정기적인 테스트 자료 정리 분석 및 보완

침을 만들어 집중적인 관리를 시작했습니다.

두 번째로는 매출이 큰 관리고객들을 투자의 영역으로 끌어들이는 기본 방침을 만들어 실행함으로써 시장에서 고객과의 높은 신뢰 관계를 유지할 수 있었습니다.

| 매출이 큰 관리고객군 관리 방법 |

"D고객군은 I고객군으로, M고객군을 I고객군으로 유도해야 함"

D	신뢰 관계는 높으나 매출액이 낮은 고객들로 향후 적극적인 관계 개발(Develop)이 필요
I	신뢰 관계 및 매출액이 모두 높아 적극적인 투자(Invest)로 이탈 방지 및 수익 극대화가 필요
M	신뢰 관계는 낮으나 매출액 높은 고객들로 지속적인 관리(Manage) 필요
E	신뢰 관계 및 매출액이 모두 낮아 엄선하여 해지(Evaluate) 필요

기본 방침

1. 거래처와 당사의 신뢰도 향상
2. 범용적인 아이템의 차별화 전략
3. 매출액 유지

체크 사항

1. 신뢰 관계 약화에 관한 요인 체크
2. 입찰 관련 원가 경재력 확보 체크
3. 현장 모니터링을 통한 지속적인 공정 파악과 정보가 수집되고 있는가?
4. 거래처 구매 및 상용부서의 관계자를 명확하게 파악하고 있는가?

중점 액션(Action)

1. 정기적 방문을 통한 파악(월 1회) – 단 신뢰 관계 확보를 위한 방문일 것
2. 관련 메이커와 유대 강화
   – 취미활동 공유(분기 1회)   – 상시 상호 의견 수령이 수반되어야 함
   – 경쟁업체의 동향 파악
3. 분기 1회 주기적인 테스트 자료 확보 – 솔루션 찾기
4. 인사이동 상황 파악

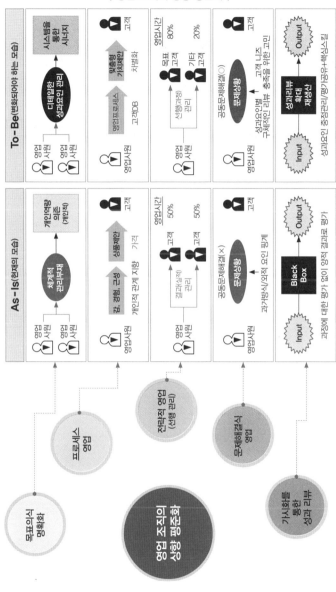

| 영업 조직의 상향 평준화 |

1장·왜 강한 영업으로 강한 기업을 만들어야 하는가? 55

3차에 걸친 프로젝트에서 A기업은 강한 영업을 지속적으로 추진해서 정체된 매출을 매년 두 자리 수 성장으로 변환시켰습니다. 이 성과는 강한 영업의 3P인 프로세스를 구축해서 사람들(영업 직원)이 고객과의 신뢰 관계를 강화하고 그 과정을 내부에 공유하는 체계를 갖춤으로써 가능했습니다.

여기서 중요한 부분은 현재의 모습과 변화되어야 하는 모습을 명확히 설정한 후 프로세스 영업의 도입, 전략적인 선행 관리, 가시화를 통한 공유를 진행하여 영업의 상향 평준화를 이룬 것입니다. 시장이 어려운 상황은 모든 중소기업에게 똑같이 적용됩니다. 한두 회사만 어려운 것이 아닌 상황이죠. 하지만 A기업과 같이 강한 영업 조직을 구축한 기업은 강한 기업으로 변신해서 저성장 시대의 시장에서 높은 성장을 계속 보여주고 있습니다.

●● 3년 적자 기업을
신규 고객 창출로 흑자 전환

M기업은 화학 제품을 기업이나 기관에 납품하는 중소기업으로, 이 기업의 대표는 부친에게 물려받은 기업을 운영하는 2세 경영인입니다. 처음 경영에 참여한 2년 동안은 생산 설비

에 투자해 공장의 생산성을 높이고 직원들의 근무 조건을 개선하여 회사의 경쟁력을 높이는 작업을 진행했습니다. 이러한 노력으로 경쟁사들과 대비해 높은 경쟁력을 갖췄지만, 경영 3년차부터 기업이 적자를 내기 시작하는 문제가 생겼습니다. 제가 이 기업을 알게 된 것은 3년째 적자를 낸 시점이었습니다. 대표는 적자 상태를 극복하려고 갖은 노력을 다 했지만 좀처럼 적자 구조는 개선되지 않은 상황이었습니다.

이 기업과 프로젝트를 시작하면서 집중한 것은 영업 조직이었습니다. 기존의 영업 조직은 생산 일정에 따라 거래처에 물량을 납품하는 것에 집중했습니다. 주문량이 줄어 물량이 남는 경우에는 가격을 낮춰서 거래처에 납품하고, 주문이 많아 생산이 부족한 경우에는 거래서를 선택해서 물량을 납품하는 것이 영업의 주요 업무였습니다.

문제는 최근 3년 동안 저성장 시대의 영향으로 고객사들의 공장 가동률이 줄어들고 그에 따라 제품의 발주량도 줄어들고 있는데 영업 조직은 기존의 영업 형태를 그대로 유지하고 있다는 점이었습니다. 이러한 영업의 결과로 제품의 납품 단가가 계속 떨어지고 있었고, 이와 연동하여 공장의 생산량도 줄어들고 있었습니다.

프로젝트를 시작하면서 우선 영업 프로세스를 설정하여 새로운 고객을 발굴하는 작업을 진행했습니다. 이러한 작업은 처음부터 영업 직원들의 높은 저항에 부딪혔습니다. 그 이유는 거래처에 납품해야 하는 일들이 많아 새로운 고객을 발굴할 시간이 없다는 것이었습니다. 내용을 파악해 보니 한 번에 납품하는 양이 줄거나 납품 단가가 낮아져서 매출과 이익을 줄어들고 있었지만, 고객사에 납품하는 주기나 횟수에는 변화가 없었기 때문에 영업 직원들은 여전히 바쁘게 활동하는 상황이 맞았습니다. 하지만 이러한 방식이 계속된다면 그 결과는 너무 뻔했습니다.

영업 구조를 바꾸기 위해 우선 회사의 고객 리스트를 정리한 후 새로 발굴해야 하는 고객 리스트를 만들어 그 고객들을 5명의 영업 직원들이 분리해서 상담하는 방식을 선택했습니다. 처음에는 매우 느리게 진행되어 한 명의 영업 직원들이 한 달에 거래처 한 곳을 방문하는 것조차 힘이 들 정도였습니다. 그래도 영업 프로세스를 계속 진행하면서 2년 차에는 방문 횟수가 획기적으로 증가했고, 그로 인한 신규 거래가 생기고 기존 거래처에 신규 제품을 추가 등록해서 생기는 매출이 연간 20억 원이 넘는 효과를 거뒀습니다.

결론적으로 영업 프로세스를 통해 고객의 신뢰 관계를 강화하는 작업을 장기적으로 진행된 것이 성과를 냈습니다. 이러한 성과들을 분기별로 정리하여 회사 내부에 공유하고 워크숍을 통해 새로운 영업 계획을 수립하는 활동을 진행했고,

3년 차에 접어들면서 이 기업의 재무구조가 흑자로 돌아서는 성과를 만들어냈습니다. 결국 기업의 경영 성과에 직접적인 영향을 주는 것은 영업입니다. 만약 이 기업이 강한 영업 조직을 먼저 만들고 생산과 인사에 투자하는 방식을 선택했다면 처음부터 더 좋은 결과가 있었을 것입니다. 하지만 경영을 처음 시작한 대표는 그러한 인사이트를 발휘하지는 못했던 것입니다. 다행인 점은 대표가 저성장 시대에 경영 문제의 해답을 영업에서 찾으려 했다는 것입니다. 우선 영업 조직의 프로세스, 신뢰 관계, 공유 체계를 만들기 위해 장기적인 투자가 진행된 것이 경영상의 성과를 올리게 된 계기가 되었습니다.

이 사례에서 알 수 있듯이, 핵심은 영업 조직이 강해야 기업이 강해진다는 것입니다. M기업은 이러한 작업을 통해 3년 이상의 적자구조에서 흑자구조로 전환했습니다. M기업은 영업의 3P 중 직원들(People)에 집중했던 것입니다. 생산된 물량의 납품에 집중했던 영업 직원들의 심리를 바꿔서 고객에 집중하게 유도했고, 고객과의 신뢰 관계를 관리하면서 개발과 투자 고객들에게 집중하여 높은 성과를 창출한 사례입니다.

●● 2년 동안 40개 신규지점 개설로
   지방에서 수도권 진출

이번 컨설팅 사례는 비브랜드 안경점으로서 프랜차이즈 유통망을 구축하기 위해 점포개발 영업을 해 성과를 낸 사례입니다. 사장님은 안경학과 출신의 안경사로서 30년 업력을 가진 분이었지만 프랜차이즈 본사 경영 경험은 전무한 상태였습니다. 먼저 경영 전략을 수립하고 강한 영업 만들기를 시작했습니다. 지방에서 수도권으로 본사를 옮겨 새로운 비즈니스를 시작하면서 고객 중심의 세일즈 프로세스를 만들어 실행했고, 2년도 안 되는 짧은 시간에 40개가 넘는 지점을 개설하는 성과를 만들었습니다.

영업에서 시장에 알려지지 않은 프랜차이즈 브랜드를 가지고 직접 매장을 방문하여 영업하는 것은 매우 어려운 작업입니다. 실제로 한 명의 영업 직원이 1,000개 매장을 방문했을 때 프랜차이즈 가맹 계약을 하는 점포는 3개 정도였습니다. 방문 점포들의 재방문이 진행되면서 계약률은 올라갔지만, 최초에 1,000개 매장을 방문하는 것 자체가 쉽지 않았습니다. 아무런 관심을 보이지 않는 매장들을 하루에 5개씩 방문한다고 해도 영업일 수 20일로 계산하면 100개밖에 되지 않습니다. 즉 영업 직원이 10달 동안 계속해서 방문해야 가능한 숫자인 셈입니다. 중요한 것은 이 방문의 대부분이 고객이 반응을 보이지 않거나 거부하는 상태로 진행된다는 것입니다. 이러한 작업은 아주 강한 영업 마인드를 가진 직원들에게도 쉽지 않은 작업입니다. 이 기업의 경우에는 이러한 작업을 진행하기 위해 매주 방문 결과를 공유하는 작업을 진행했습니다. 3명의 영업 직원들이 한 주 동안 방문했던 매장의 특징과 점주의 반응, 그 결과를 공유했습니다. 영업에서 영업 사례를 내부에서 공유하면 다른 영업 직원들에게 새로운 관점을 제공하게 됩니다. 특히 우수한 사례를 중심으로 매일 또는 매주 지속해서 공유하게 되면 실제 현장에서 발생하는 영업 직원들의 시행착오를 줄일 수 있습니다.

그다음으로 이번 주에 방문을 계획한 매장이나 예상되는 반응을 설정하고 3명이 점주, 영업 직원, 관찰자의 역할을 설정하고 롤플레이(Role Play)를 진행했습니다. 프랜차이즈 가맹 사업을 할 때는 점주가 가지고 있는 니즈를 파악하여 충족시켜주는 것이 중요한 포인트이기 때문에 롤플레이가 큰 도움이 됩니다. 영업 직원들은 사전에 점주의 니즈를 파악할 수 있는 질문을 만들어서 방문 전에 충분한 롤플레이를 진행해야 하고, 니즈 파악 프로세스에서 보여주는 흐름을 기지고 롤플레이를 진행할 때는 각자의 역할을 설정한 다음에 자신이 해야 하는 역할을 수기로 작성한 다음에 진행하는 게 좋습니다.

| 니즈 파악 프로세스 |

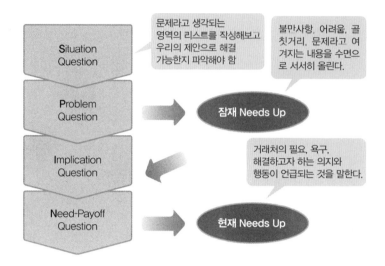

| 롤플레이에서 고객인 안경원 원장의 역할 |

목적

영업 직원 역할을 하는 학습자가 니즈 파악을 정확하게 연습할 수 있도록 리드합니다.

니즈 파악 진행 방법

- 영업 직원의 인사로부터 시작됩니다.
- 영업 직원이 당신의 니즈를 명확하게 파악할 때까지는 당신이 먼저 니즈를 밝히지 마십시오.
- 영업 직원이 당신의 니즈를 명확하게 밝히지 않고 끝내려면 다음과 같이 응대하시기 바랍니다.
  "잠깐만요, 제 니즈를 다 파악하지 못하셨는데요."
  "잠깐만요, 좀 더 질문해주시겠어요?"
- 당신은 영업 직원의 질문에 성의 있게 답변해주시기 바랍니다.
- 영업 직원의 니즈 파악 내용이 당신을 만족시킨다면
  "제가 궁금해하는 것을 모두 파악하셨네요."라고 말하면서 롤플레이를 마칩니다.

목적

영업 직원 역할을 하는 학습자가 니즈 파악을 정확하게 연습할 수 있도록 원장을 지원합니다.

니즈 파악 진행 방법

- 영업 직원의 인사로부터 시작됩니다.
- 영업 직원이 당신의 니즈를 명확하게 파악할 때까지는 당신이 먼저 안경원의 니즈를 밝히지 마십시오.
- 영업 직원이 안경원 니즈를 명확하게 밝히지 않고 끝내려면 다음과 같이 응대하시기 바랍니다.
  "잠깐만요. 제 니즈를 다 파악하지 못하셨는데요."
  "잠깐만요. 좀 더 질문해주시겠어요?"
- 당신은 영업 직원의 질문에 성의 있게 답변해주시기 바랍니다.
- 영업 직원의 니즈 파악 내용이 당신을 만족시킨다면
  "제가 궁금해하는 것을 모두 파악하셨네요."라고 말하면서 롤플레이를 마칩니다.

| 롤플레이에서 영업 직원의 역할 |

목적

학습한 내용을 활용하여 고객이 갖고 있는 니즈를 파악할 수 있도록 합니다.

니즈 파악 진행 방법

- 영업 직원인 당신이 먼저 인사를 하면서 시작됩니다.
- 당신은 고객의 니즈를 파악하기 위해 질문을 활용하시기 바랍니다.
- 만약 당신의 니즈 파악이 고객의 마음에 불충분하다면, 고객이 다음과 같이 말할 것입니다.
  "잠깐만요. 제 니즈를 다 파악하지 못하셨는데요."
  "잠깐만요. 좀 더 질문해주시겠어요?"
- 당신은 다양한 질문기법을 최대한 활용하여 고객의 니즈를 파악해주시기 바랍니다.
- (니즈 파악 완료 시) 고객이 다음과 같이 말하면서 롤플레이를 마치게 됩니다.
  "제가 궁금해하는 것을 모두 파악하셨네요."

앞에 소개한 방식을 활용해서 각자의 역할에 맞게 롤플레이를 진행하면 다음과 같습니다.

영업 직원: 원장님의 운영에 도움이 될 수 있는 것이 있을까 합니다. 저희는 안경레나 렌즈 전체를 위탁으로 드립니다.

안경원 원장: 렌즈도요?

영업 직원: 렌즈는 어디 것을 쓰세요?

안경원 원장: 퍼펙트를 사용합니다.

영업 직원: 퍼렉트 UV는 ······.

안경원 원장: 중굴절은 얼마에 공급해주시나요?

영업 직원: 2,800원에 공급합니다.

안경원 원장: 저는 2,300원에 씁니다. 그럼 UV플러스는 얼마에 주나요?

영업 직원: 혹시 지금 원장님이 받으시는 금액이 얼마인지 알 수 있을까요?

안경원 원장: 저희가 조정이 있어 지금 당장은 말씀을 못 드리겠네요. 가격을 알아봐야 해서요.

(중략)

안경원 원장: 지금은 우리 매출이 적어서 공급가격 결정에 문제가 된다는 건가요?

영업 직원: 원장님 여기서 장사하신 지 오래되었죠?

안경원 원장: 제가 여기서 20년 정도 했으니까? 찾아오시는 단골 고객분들도 많고 해서 사람을 좀 더 쓰고 싶은데 생각처럼 매출이 많지 않아 그러지 못하고 있어요.

영업 직원이 방문하고자 하는 거래처의 상황에 맞는 롤플레이를 작성하여 내부적으로 직원들과 사전 리허설을 한 후 거래처를 방문한다면 고객이 가지는 의구심을 풀 수 있는 상담 스킬을 보유할 수 있습니다.

이러한 방식으로 영업을 진행한 지 1년이 지나고 난 후에는 신규 매장의 계약이 늘어나기 시작했습니다. 계약이 한번 늘기 시작하자 영업을 진행한 방식에 대한 자신감이 생기게 되었고, 다음에는 영업 직원 1명이 매달 1개의 프랜차이즈 계약을 하는 수준에 도달했습니다. 이 기업은 영업 활동의 공유 체계와 롤플레이로 인해 2년이라는 짧은 시간에 프랜차이즈 매장을 40개 확보했습니다.

앞의 사례에서 제시된 중소기업들의 특징은 강한 영업 조직을 가지고 있다는 것입니다. 강한 영업 조직은 작고 단순함을 지향하지만, 기업에서 보여주는 성과는 매우 크고 위력석입니다. 결국 강한 영입 조직이 강한 기입을 만듭니다.

공유 체계가
서비스를
차별화한다

300%

01

공유하고
개방하라

●● 공유는
회의가 아니다

2003년 3월 20일 시작된 이라크 전쟁에서 미국은 이라크에 일제히 공습을 감행했습니다. 1차 공습의 주요 타깃은 군 지휘부와 통신체계였습니다. 그 후의 일은 알다시피 27만 명에 이르는 이라크 군대는 제대로 싸워보지도 못하고 궤멸되었다는 것입니다. 왜 공습의 1차 타깃이 지휘부와 통신체계였을까요?

소통과 공유가 난설뇌던 아무리 강력한 무기를 가진 군대라 해도 강력한 전투력을 발휘할 수 없기 때문입니다. 마찬가지로 아무리 인공지능이나 로봇이 상용화되는 4차 산업혁명 시대라고 해도 소통력과 공유의 조직문화는 '사람'만이 할 수 있고 만들어낼 수 있습니다. 강한 영업을 맘껏 실행하기 위해서는 공유 체계를 만드는 것이 우선입니다.

직원들이 현장에서 활동한 내용을 가지고 내부에 공유하면 그 내용을 충분히 듣고 난 다음에 그 내용에 대한 부분만을 피드백을 통해서 공유하거나 다른 사람들에게 확산시켜야 합니다. 하지만 대부분 관리자는 영업 직원들이 전달하는 내용을 성급하게 판단하고 단정적으로 이야기합니다. 또 그 이야기를 기점으로써 다른 내용까지 확산해서 문제점을 제시하고 그 문제에 대한 해결책을 요구하기도 합니다. 이러한 방식으로 공유가 진행되면 공유의 내용은 핵심을 잃어버리

| 고객과의 경험을 공유하는 방법 |

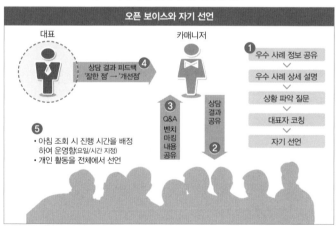

고 여러 가지 내용으로 확장됩니다. 결국 공유 과정의 시간은 점점 더 길어지게 되고 단정적으로 어떤 일을 해야 하는 상황에 처합니다. 또는 문제점을 개선하기 위한 해결책을 찾아야 한다는 결론을 내리게 되는 것입니다.

특히 아침 시간에 오늘의 영업 활동에 대해 서로의 일정을 공유하고 업무를 분담하는 자리에서 이런 일들이 발생하게 되면 자연스럽게 영업 직원들은 자신의 활동이나 경험을 이야기하지 않게 됩니다. 또 이야기한다고 해도 자신이 의도한 바와 전혀 다른 결론이 나기 때문에 오히려 새로운 일만 추가되는 경우가 허다합니다.

제가 영업 현장의 아침 회의나 조회에 참석해 보면, 말하는 사람들이 정해져 있습니다. 그날 회의를 진행하는 사람이거나 그 조직의 관리자들이 일방적으로 이야기하고 메시지를 전달하면서 회의를 끝냅니다. 물론 영업에서는 정보 전달식의 회의가 필요한 일도 있습니다. 하지만 이러한 회의가 계속 반복되면서 아침 및 저녁의 영업 회의 시간은 점점 더 길어질 뿐 아니라 참여하는 사람들 모두가 집중하지 못하기 때문에 지루한 업무 지시의 시간이 될 뿐입니다.

●● 공유의 핵심은
우수사례 오픈이다

모든 직장이 그렇듯이, 영업 조직의 아침도 매우 바쁘게 돌아갑니다. 하지만 하루를 시작하는 시간이므로 이전에 외부에서 했던 활동들을 반드시 서로에게 공유해야 합니다. 그렇지 않으면 서로의 업무에서 오류가 발생하기도 하고 다른 영업 직원들의 우수 사례가 공유되지 않기 때문에 전체적인 효율성이 저하되는 문제가 발생하기 때문입니다.

영업 활동을 공유할 때는 반드시 시간을 정해놓고 진행해야 합니다. 회의가 아침에 진행되는 경우에는 공유 시간이 더욱더 필요합니다. 대부분의 영업 직원들은 고객을 상대하기 때문에 아침 시간에 굉장히 분주합니다. 고객의 전화를 받거나 수신 이메일을 확인할 뿐만 아니라, 자신의 일정을 확인하기 위해 고객에게 전화를 하거나 이메일을 보내기도 해야 합니다. 이렇게 바쁜 아침 시간의 10분은 오후 시간의 1시간 이상으로 소중합니다. 그런 점에서 아침 공유 시간은 되도록 짧게 진행되어야 합니다. 따라서 반드시 시간을 정해놓고 진행해야 하는 것입니다. 공유하는 방식과 내용도 일정해야 합니다. 짧은 시간에 많은 내용을 공유하거나 서로의 관심사항이 다른 내용을 공유하면 모든 사람이 집중하기 어렵기 때문입니다.

●● 아침 10분
오픈 보이스로 시작하라

제가 컨설팅을 진행하는 경우에는 아침 시간에 반드시 오픈 보이스를 진행합니다. 오픈 보이스는 진행자가 사전에 본인이 영업 활동을 하면서 가장 잘했던 우수 사례를 미리 정하여 팀원들에게 5분 이내로 발표하는 방식으로 진행하는 것입니다. 즉 모든 영업 직원이 참석해서 하루에 한 명씩 우수 사례를 발표하는 것입니다. 진행자는 팀 내에서 서로 교대로 정해지고, 되도록 10분 이내로 마무리하도록 권장합니다.

아침에 오픈 보이스를 매일 진행하면, 하루에 한 명씩 우수 사례를 발표하기 때문에 일주일 동안 자신의 사례를 포

아침에 사무실에서 오픈 보이스를 진행하는 모습

함하여 다른 사람의 사례까지 총 5개의 사례를 들을 수 있어서 우수한 영업 사례를 매주 습득할 수 있다는 이점이 있습니다. 이러한 방식은 현장에서 발생하는 실제 사례를 공유하기 때문에 단기간에 높은 수준의 영업 경험을 체득하는 효과가 있습니다. 영업 현황판 앞에서 오픈 보이스를 하면 모두에게 자신의 우수한 사례를 발표하게 되어서 발표자는 자신감을 가지게 되고 참여자들은 시장의 정보를 얻을 수 있습니다.

영업 직원들은 아침에 출근하면 제일 먼저 모두가 볼 수 있는 오픈 보드에 영업 안건을 표시하고 난 후에 오픈 보드를 중심으로 모여 섭니다. 오픈 보이스 시간에는 사전에 정리해서 핵심적인 내용만 전달하기 때문에 다른 사람들도 발표된

| 영업 현황판 |

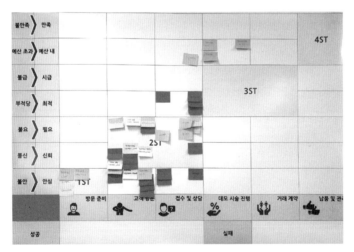

| 오픈 보이스의 효과 |

영업 직원별로 우수한 사례가 많다!

↓

오픈 보이스를
하자!

자신감

"사실 고객의 무리한 요구에 결정을 주저하는 경우가 많은데, 오픈 보이스에서 다른 사람들이 사례를 공유해주니까, 자신감이 생기더라고요. 고객에게 제시할 수 있는 명분도 생기고요."

아이디어

"단순한 상담이라도 동료 영업 직원의 사례를 통해 좀 더 쉬운 해결책이 나올 수 있더라고요." "제가 몰랐던 접근 방법에 대해서 알 수 있었어요. 덕분에 영업하는 데 도움이 많이 되었습니다."

동료 의식

"아무래도 함께 모여서 아침마다 오픈 보이스를 진행하다 보니, 동료 의식이 좋아지는 게 느껴지더라고요. 사실, 담배 필 때 외에는 대화가 별로 없거든요."

우수 사례를 명확하게 이해할 수 있습니다. 담당자의 오픈 보이스가 끝나고 나면 영업 관리자나 팀장, 대표는 그 내용에 대해 아주 짧게 피드백을 하면 됩니다.

오픈 보이스가 끝나고 팀장이 그 내용에 대해 피드백을 진행할 때, 한 가지 주의해야 할 점이 있습니다. 아침에는 영업 직원들이 매우 바쁘기 때문에 핵심적인 내용만 간단하게 요약해서 피드백을 줘야 한다는 것입니다. 다시 말해서, 피드백의 내용은 반드시 오픈 보이스의 내용과 직접적인 관련이 있는 내용으로 제한되어야 합니다. 그렇지 않으면 시간이 많이 소요되고 주제가 바뀌기 때문에 다른 직원들의 집중력도

| 오픈 보이스 피드백 예시 |

우수사례	고객관리	작성자	홍 길 동
거래처	○○병원(대리점)	작성일	0000.00.00
Why (활동 계획)	• 지난 환자 케이스건에 대한 팔로우업 문의 차 방문 • 본사 차원에서 각별히 신경 쓰고 있고 불편사항에 대한 도움 드리기 위한 활동		
How (상담 내용)	• 환자 예후사항에 대한 내용을 피드백 받고 시술 초기 궁금한 부분, 특히 RF 관련 테크닉과 다른 병원 사례에 대한 정보들을 전달 드림		

What
(상담 성과)
	• 대리점 담당 병원이지만 지속적인 관리와 함께 해당분이 Key Opinion 역할
	  을 맡아주시길 당부드려 긍정적인 답변을 얻어냈고, 본사에 대한 좋은 이미
	  지를 부각시킴		

현저하게 떨어집니다.

핵심 내용만 피드백 하기 위해서는 그 내용을 미리 준비해서 오픈 보이스에 참여한 모든 사람이 알아들을 수 있도록 피드백 대상이 진행한 활동 계획, 상담 내용, 상담 성과를 구분해서 전달해야 합니다. 단순히 좋다 안 좋다 같은 불호를 떠나서 구체적인 피드백을 해주면 다른 영업 직원들이 자신의 영업에 적용하는 빈도가 높아집니다.

02 영업 직원 모두에게 동기부여하라

●● **동기부여의 핵심,**
    오픈 보드

메라비언의 법칙(The Law of Mehrabian)은 '대화에서 시각과 청각 이미지가 중요시된다는 커뮤니케이션 이론'으로 시각과 청각의 중요성을 강조합니다. 일반적으로 사람들이 다른 사람들의 이미지를 파악할 때 55%의 판단을 시각적인 효과에 의해 결정한다고 합니다. 저는 고객사의 사무실에 가면 오픈 보드를 관심 있게 보는 편입니다. 사무실에 있는 오픈 보드의 내용만 파악해도 그 회사의 주요 이슈나 업무가 진행되는 현황을 대략 판단할 수 있습니다.

오픈 보드의 내용만 봐도 그 회사가 돌아가는 상황을 알 수 있는 이유는 조직의 특성상 중요한 업무 전달사항이나 모두가 관심을 가져야 하는 내용을 오픈 보드에 게시하는 경우가 많기 때문입니다. 이러한 관점에서 본다면 오픈 보드가 잘 운영되고 있는 사무실의 경우에는 업무가 체계적으로 진행될 가능성이 크다고 할 수 있습니다. 오픈 보드의 내용을 보면서 게시된 내용이 최근의 내용들로 업데이트 되고 있는지 또는 핵심적인 내용이 압축되어서 게시되고 있는지를 파악하는 것이 그 회사의 업무 수준을 파악하는 데 많은 도움이 됩니다.

영업하는 사무실의 경우에는 영업 관련 중요 정보들이 많이 게시되어 있는데, 한 달 전이나 작년의 게시물들이 게시되어 있다면 그 사무실의 업무가 효율적으로 진행되고 있다고 보기는 어렵습니다. 영업은 시장의 움직임을 실시간으로 반영해야 하는 활동이어서 오픈 보드야말로 영업 직원들이 현장에서 활동하면서 얻은 정보들이 가장 효과적으로 공유되는 공간입니다. 그런데 그런 공간에 오래전 자료가 게시되어 있다는 것은 결론적으로 그 회사의 영업이 효과적으로 시장 활동을 반영하지 못하고 있다는 사실을 나타내는 것입니다.

많은 영업 조직에서 오픈 보드를 영업 활동을 표시하는 용도로 사용되지 못하고 영업의 결과를 표시하는 용도로 사용하기도 합니다. 특히 실적과 관련된 자료들을 오픈 보드나

화이트 보드에 그래프의 형태로 나타내는 경우가 많습니다. 이런 경우에는 그 게시된 내용을 통해 경쟁심으로 유발하는 효과가 있을 수도 있지만, 실적의 많고 적음에 따라서 위화감을 조성할 수도 있습니다. 영업의 결과를 게시한 내용을 회의나 토론에 사용하는 경우에는 그 회의의 원래 의도와 달리 오염된 메시지를 영업 팀에게 전달할 수 있는 위험성도 있습니다.

영업 조직이 근무하는 사무실에는 영업 직원들의 활동을 시각적으로 표시하는 것이 필요합니다. 따라서 오픈 보드는 중요한 내용을 압축적으로 나타낼 수 있어야 합니다. 반드시 활동의 변화를 중심으로 운영될 수 있도록 설계되어야 하는 것이 바로 오픈 보드입니다. 마지막으로 그 활동의 결과가 매일의 변화로 표시될 수 있으면 더욱 좋습니다.

●● 오픈 보드,
이렇게 활용하라

오픈 보드는 영입 활동의 진행 상청을 눈으로 볼 수 있도록 만든 보드를 말합니다. 주요 사용 목적은 활동을 강화시키고 공유하는 데 있습니다. 운영하는 방식에 따라서 이름을 다르게 해서 스텝업형 오픈 보드, 신뢰 관계형 오픈 보드, 종합형 오픈 보드라고 합니다.

스텝업형 오픈 보드

스텝업형 오픈 보드는 영업의 진행 단계에 따라서 1스텝, 2스텝, 3스텝, 4스텝의 방식으로 진행을 표시하는 방식입니다. 영업 활동을 세일즈 프로세스 또는 고객 심리 프로세스 중심으로 영업 활동의 단계를 설정한 다음에 그 단계의 변화를 한눈에 파악할 수 있도록 설계한 것으로, 신규 고객을 발굴하는 활동이 많거나 기존 거래처에 신규 제안이 많은 영업

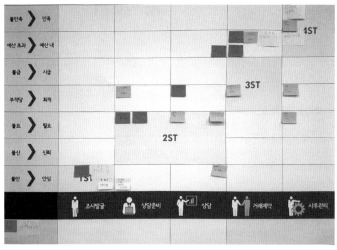

스텝업형 오픈 보드

조직에서 사용하면 효과적입니다. 모든 활동을 한눈에 볼 수 있는 점이 장점입니다. 보통 벽에 부착해서 2~5명 미만의 직원들이 공유하게 하는 것이 가장 이상적입니다. 보드에 표시하는 표시물의 색을 구분해서 어떤 색이 자신과 동료를 나타내는 것인지를 구분할 수 있게 해서 전체의 활동 현황과 개인의 활동 현황을 같이 파악할 수 있습니다. 특히 신규 고객 발굴의 성과나 신규 제안의 성과를 개인별과 구분해서 한 번에 볼 수 있어서 많은 조직에서 활용하고 있습니다.

신뢰 관계형 오픈 보드

신뢰 관계형 오픈 보드는 거래처와의 신뢰 단계를 1단계에서 4단계까지 정의하여 세로축에 표시하고 영업의 규모를 가로축에 표시하는 방식으로 운영됩니다. 고정적인 거래처에 회사 제품을 납품할 때나 거래처와의 신뢰 관계의 수준에 따라 성과가 다르게 나타날 때 활용합니다. 신뢰 관계형 오픈 보드는 고정 거래처 중심의 영업 활동을 하면 그 활용 효과가 큽니다. 이 경우에도 영업 직원들이 개인별로 자신의 표시색을 정해서 표시하기 때문에 어떤 영업 직원들이 고객사와 신뢰 관계가 높고 낮은지, 그에 따른 거래처의 매출 비중이 어떻게 다르게 나타나고 있는지를 명확하게 알 수 있습니다.

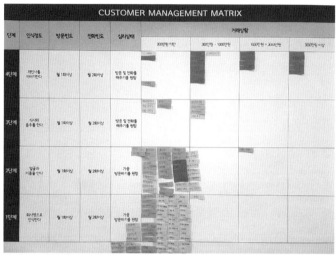

신뢰 관계형 오픈 보드

종합형 오픈 보드

종합형 오픈 보드는 전체적인 진행 사항을 표시하는 방식으로 스텝업형 오픈 보드와 신뢰 관계형 오픈 보드보다는 좀 더 자유롭게 운영하는 오픈 보드를 말합니다. 종합형 오픈 보드는 영업 조직이 가지고 있는 정보들을 한눈에 파악할 수 있게 하는 오픈 보드입니다. 종합형 오픈 보드는 한 사무실을 여러 영업 조직이 사용하거나 영업 조직별 활동을 서로 빠르게 공유하는 것이 필요할 때 사용합니다. 예를 들어 날짜 관리형 오픈 보드, 저금통형 오픈 보드 등이 있습니다.

종합형 오픈 보드를 할 때는 표시하고 있는 정보의 양이

저금통형 오픈 보드(좌측) 날짜 관리형 오픈 보드(우측)

많아서 되도록 모든 영업 조직이 동일한 표시 형태를 사용하는 것이 중요합니다. 많은 양의 영업 정보를 다루기 때문에 되도록 성과와 직접적인 관련이 있는 핵심 내용을 중심으로 표시해야 한다는 것입니다.

이 외에 영업의 형태를 반영해서 우리 조직에 맞는 오픈 보드를 사용할 수도 있습니다. 단, 핵심 3가지 요소는 반드시 지켜야 그 효과를 발휘할 수 있습니다.

첫째, 모두가 잘 보이는 곳에 설치되어야 합니다.
둘째, 매일의 변화를 나타낼 수 있어야 합니다.
셋째, 영업의 결과가 아니라 과정을 나타내야 합니다.

영업 조직에서 오픈 보드만 잘 활용해도 그 조직의 성과에 직접적인 영향을 미칠 수 있습니다. 그보다 더 중요한 점은 오픈 보드가 운영되어서 영업 직원들이 자신의 활동을 다른 사람들과 공유할 수 있고 그를 통해서 스스로 동기부여가 되는 효과를 볼 수 있다는 것입니다. 이러한 활동으로 영업 조직의 활력이 더욱 커질 수 있습니다.

03

자기 선언으로
부스트업

●● 파워 멘탈은
자기 선언으로부터

오픈 보이스에 대한 짧은 피드백이 끝나고 나면, 발표자를 제외한 다른 사람들은 순서대로 '자기 선언'을 합니다. 자기 선언은 영업 직원이 당일 해야 하는 일 중에 가장 중요한 것을 다른 사람들에게 선언하는 것입니다. 오픈 보이스를 진행한 후에 자신의 활동을 강화하기 위해 하는 것으로, 자신이 달성하고자 하는 주요 타이틀이나 정량적인 목표 또는 정성적인 목표를 선언함으로써 실제 목표 달성의 동력을 확보하는 활동입니다. 각자의 자기 선언이 끝날 때마다 다른 사람들은 선언에 관해 집중해서 듣고 박수를 치면서 "최고입니다", "멋

| 자기 선언 사례 |

김○○

- 타이틀: 정맥 시장의 태풍
- 정량적 목표: New Account 10군데
- 정성적 목표: KOL 2명과 관계 다지기

최○○

- 타이틀: 열일하는 사람
- 정량적 목표: 신규 거래처 5군데 이상 개설
- 정성적 목표: 힘 빠지지 않고 꾸준한 업무와 생활

이○○

- 타이틀: 스벤져스
- 정량적 목표: 1년에 1대 장비 판매
- 정성적 목표: 돈 많이 벌기

강○○

- 타이틀: 체력왕
- 정량적 목표: 체중 10kg 증량
- 정성적 목표: 영업은 체력이다.

박○○

- 타이틀: 영업 전문가
- 정량적 목표: 교수님과 단둘이 저녁식사 하기
- 정성적 목표: 일에 조금 더 자신감을 얻자

권○○

- 타이틀: 관계형성의 왕
- 정량적 목표: 연 2대 이상의 장비 판매
- 정성적 목표: 멘탈이 강한 흔들리지 않는 돌부처

집니다", "수고하세요" 등의 말로 자기 선언을 한 사람의 실행을 독려합니다.

이러한 방식으로 참가한 모든 사람이 하나씩 자기 선언을 하면 대략 3분에서 5분 정도의 시간이 소요됩니다. 10분 이내로 오픈 보이스와 자기 선언을 끝내면 짧은 시간 동안 집중해서 한 가지 우수 사례를 모두에게 공유할 수 있을 뿐만 아니라, 아침에 모든 영업 직원들이 자신의 가장 중요한 업무를 모두에게 선언함으로써 영업 조직 전체의 실행률이 15% 이상 상승하는 효과를 볼 수 있습니다.

세상은 온통 비대면 시장의 확대만 이야기합니다. 모든 것이 자동화되고 인간 대 인간의 대면은 곧 사라질 것처럼 외치고 있습니다. 과연 그럴까요? 혹시 그런 세상일수록 인간의 멘탈이 더 중요해지고 로봇과 인공지능이 할 수 없는 초인적인 에너지를 발휘하기 위한 인간들만의 '파워 멘탈'이 더 중요해지지 않을까요? 기업 조직도 파워 멘탈을 보유한 인재들을 확보하고 유지하기 위해서 많은 비용을 투자하지 않을까요?

강한 영업은 4차 산업혁명 시대에도 너무나 중요합니다. 영업의 중요성은 사라지지 않습니다. 파워 멘탈을 보유한 멤버들로 구성된 '강한 영업팀'이 기업의 미래를 만듭니다.

●● 매일 반복하면
팀빌딩과 코워크는 저절로

아침에 정해진 시간과 정해진 방식으로 영업 활동을 공유하는 것을 매일 반복하면 영업 직원들은 하루를 시작하는 동력을 얻을 수 있을 뿐만 아니라 회사 내부에 그 정보를 축적하는 효과가 있습니다. 직원들이 매일매일 발표되는 우수 사례를 언제든지 열람할 수 있도록 문서철이나 사내 인트라넷 게시판을 통해서 관리하면 그 사례가 점점 쌓이면서 엄청난 위력을 발휘하게 됩니다. 이렇게 짧은 공유 시간이 끝나고 난 후에는 꼭 전달해야 하는 중요한 메시지가 있다면 별도로 회의를 진행해야 합니다. 그렇지 않고 모두가 모인 김에 중요한 메시지를 하나만 전달하겠다는 방식으로 공유 시간이 흘러가면 아침 공유 시간 자체가 모든 직원이 부담스러워하는 회의로 변형될 수 있습니다.

●● 영업을 이끄는 두 개의 엔진
WSP와 SSU

강한 영업은 성과로 말합니다. 그 때문에 영업에 대해 많은 이야기를 하지 않습니다. 강한 영업 조직에는 3가지 특징이 있습니다.

첫 번째는 개선 목표 설정입니다. 현재의 성과 창출 상태에서 어떤 수준까지 개선할 것인가에 대한 정략적 목표를 설정하는 것입니다.

두 번째는 신뢰 기반의 고객관리입니다. 고객은 기존 고객과 신규 고객으로 분류되는데, 기존 고객과는 신뢰 관계를 강화하고 신규 고객의 발굴 프로세스를 개혁해야 합니다.

세 번째는 시장의 니즈를 파악하는 기술입니다. 시장의 니즈에는 숨은 니즈와 드러난 니즈가 있는데, 이 니즈들을 명확하게 파악해야 합니다. 그러기 위해서는 고객과의 상담 기회를 만들어 시장 정보를 파악할 수 있어야 합니다.

이러한 특징을 기반으로 하는 강한 영업은 활동 포인트가 명확해야 합니다. 영업이 연구, 생산, 관리와 가장 크게 다른 점은 활동 지향적이라는 것입니다. 즉 조직 내부가 아니라 외부에서 그 답을 찾아야 하므로 체계적인 활동이 중요합니다. 같은 조직의 영업 직원들이 영업에 투여되는 시간이 같은데 개인마다 영업 성과가 다르게 나타나는 것은 영업 활동의 포인트에 달려 있기 때문입니다. 영업 활동을 통해 높은 성과를 창출하려면 개인의 영업 활동 프로세스를 정리하고 그중에서 핵심을 설정한 후에 그 포인트를 지속해서 관리하는 것이 필요합니다.

그 기준은 WSP(Winning Success Plan)와 SSU(Sales Step Up)입니다. 이 두 기준은 영업을 이끄는 두 개의 엔진으로 비교됩니다. 하나는 자기 일에 중요도를 부여하는 것이고, 나머지 하나는 성과를 밖으로 드러내어 관리하는 것입니다. WSP는

I WSP 예시 I

우선순위	결과	업무명	이번 주 달성해야 할 목표의 설정	납기(일)	완료(일)	계획(h)	실적(h)	과부족	주체업무	재작업	돌발업무
A 1		원주지점 1차 리뷰	1, 2차 워크숍 내용 심화/Task 시행 점검/향후 방향성 공지	3/15		2.0					
2		세일즈 매뉴얼 작업 진행	HMS 활용방법 이해를 통한 메뉴얼 연계 진행	3/16		4.0					
3		[세미나] 영업 경쟁력 강화 좌담회	좌담회 참석을 통한 학습 및 진행지원	3/17		3.0					
4		4차 워크숍 진행	BPMarket, 클로징 학습, 세일즈스텝의 주요활동 기술	3/18		5.0					
5		전문점 KS	L*공조 리뷰 완료된 상태	3/16		2.0					
6											
7											
8											
B 1											
2											
3											
4											
5											
C 1		THE PROUD 업무 참석	THE PROUD 진행습득 및 업무지원	3/16		2.0					
2		[컨설팅] 프로세스 개발 진행	컨설팅 프로세스 Framework의 1차 보고 내용을 확인하고 영업력 진단의 소항목 Modifiy 완료하여 보고된 상태	3/16		6.0					
3											
4											
5											
6											
7											
D 1		[경비정산]	사용된 경비정산이 완료된 상태			1.0					
2											
3											
4											
5											
M 1											
2											
3											
4											
5											
I 1		[교육] 이동	이동 중 지도의 내용 정리 및 휴식	상시		1.0					
2		[지도] 이동	이동 중 교육준비 완료 및 휴식	상시		7.5					
3		[일반] 이동	이동 중 업무준비가 완료된 상태	상시		10.5					
4											
5											
S 1		P매트릭스 작성	전주/차주의 P매트릭스 작성 후 제출, 매일 실적 기록 완료			1.5					
2		[개인] 식사 및 휴식	식사 및 휴식이 완료된 상태			5.0					
3											
4											
5											

월			화			수			목			금			토			일		
2020-03-15			2020-03-16			2020-03-17			2020-03-18			2020-03-19			2020-03-20			2020-03-21		
계획	실적	과부족	계획	실적	과부족	계획	실적	과부족	계획	실적	과부족	계획	실적	과부족	계획	실적	과부족	계획	실적	과부족
2.0		2.0			0.0			0.0			0.0			0.0			0.0			0.0
		0.0	2.0		2.0	2.0		2.0			0.0			0.0			0.0			0.0
		0.0			0.0	3.0		3.0			0.0			0.0			0.0			0.0
		0.0			0.0			0.0	5.0		5.0			0.0			0.0			0.0
		0.0	2.0		2.0			0.0			0.0			0.0			0.0			0.0
		0.0			0.0			0.0			0.0			0.0			0.0			0.0
		0.0			0.0			0.0			0.0			0.0			0.0			0.0
		0.0			0.0			0.0			0.0			0.0			0.0			0.0
		0.0			0.0			0.0			0.0			0.0			0.0			0.0
		0.0			0.0			0.0			0.0			0.0			0.0			0.0
		0.0			0.0			0.0			0.0			0.0			0.0			0.0
		0.0	2.0		2.0			0.0			0.0			0.0			0.0			0.0
	취득률 0.0		2.0		2.0	4.0		4.0			0.0			0.0			0.0			0.0
		0.0			0.0			0.0			0.0			0.0			0.0			0.0
		0.0			0.0			0.0			0.0			0.0			0.0			0.0
		0.0			0.0			0.0			0.0			0.0			0.0			0.0
		0.0			0.0			0.0			0.0			0.0			0.0			0.0
		0.0			0.0			0.0			0.0	1.0		1.0			0.0			0.0
		0.0			0.0			0.0			0.0			0.0			0.0			0.0
		0.0			0.0			0.0			0.0			0.0			0.0			0.0
		0.0			0.0			0.0			0.0			0.0			0.0			0.0
		0.0			0.0			0.0			0.0			0.0			0.0			0.0
		0.0			0.0			0.0			0.0			0.0			0.0			0.0
		0.0			0.0			0.0			0.0			0.0			0.0			0.0
		0.0			0.0			0.0			0.0			0.0			0.0			0.0
		0.0			0.0			1.0			0.0			0.0			0.0			0.0
		0.0			0.0	1.0		1.0			0.0			0.0			0.0			0.0
4.5		4.5	2.0		2.0			0.0	1.0		1.0			0.0			0.0			0.0
1.5		1.5	2.5		2.5	1.5		1.5	2.5		2.5	2.5		2.5			0.0			0.0
		0.0			0.0			0.0			0.0			0.0			0.0			0.0
		0.0			0.0			0.0			0.0			0.0			0.0			0.0
		0.0			0.0			0.0			0.0	0.5		0.5			0.0	1.0		1.0
1.0		1.0	1.0		1.0	1.0		1.0	1.0		1.0	1.0		1.0			0.0			0.0
		0.0			0.0			0.0			0.0			0.0			0.0			0.0
		0.0			0.0			0.0			0.0			0.0			0.0			0.0
		0.0			0.0			0.0			0.0			0.0			0.0			0.0
9.0	0.0	9.0	13.5	0.0	13.5	12.5	0.0	13.5	9.5	0.0	9.5	5.0	0.0	5.0	0.0	0.0	0.0	1.0	0.0	1.0

개별 활동을 효율적으로 진행할 수 있도록 일에 중요도와 긴급도를 부여해서 진행하는 방법입니다. WSP의 가로축에는 요일별로 기간을 표시하고, 세로축에는 업무의 중요도를 표시합니다. 중요도는 A, B, C, D로 긴급도와 중요도를 나타냅니다. A업무는 중요하면서 긴급한 업무입니다. B업무는 긴급하지만 중요도는 떨어지는 업무입니다. C업무는 중요하면서 긴급도가 떨어지는 업무입니다. D업무는 중요도와 긴급도가 떨어져서 점차 없애야 하는 업무를 뜻합니다.

앞 페이지의 표에서 중요한 것을 A업무를 최우선으로 하고 난 뒤 C업무와 B업무 중 어느 것에 집중해야 하는 것입니다. 보통의 경우에는 긴급도가 높은 B업무가 많지만 업무에서 성과가 높은 직원들은 B업무를 줄이고 C업무를 늘이는 데 집중합니다. 그 이유는 중요한 일들을 늘리다 보면 자연스럽게 긴급한 업무가 줄어들기 때문입니다. 정해진 활동 시간을 효율적으로 활용하기 위해서는 일주일 단위의 영업 업무 설계가 필요한데, WSP를 통해서 업무를 설계해서 영업에서 성공의 확률을 높여가는 방식인 것입니다.

SSU는 영업의 성과를 높이는 프로그램으로, 영업 전체의 활동을 스텝업 함으로써 지속적으로 높은 성과를 창출하는 프로그램입니다. 세부적으로는 영업 현장에 최적화된 성과가 창출될 수 있도록 팀 단위 영업에서 생길 수 있는 모든 영업 경로를 디자인하고 각각의 세일즈 성과에 필요한 양적, 질적, 속도의 혁신을 지원하는 시스템입니다. 다음의 표는 SSU의 구조를 나타낸 것입니다. SSU 각각의 세부 내용은 다음의 표

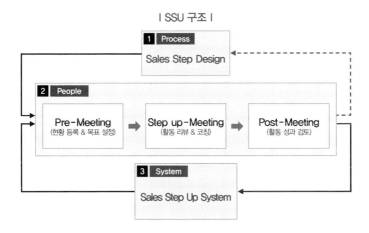

| SSU 구조 |

| SSU 세부 내용 |

진단 모델	구성요소	선행지표 설정
• 세일즈 스텝 진단의 정의 • 영업 활동 역량 항목 구성 • 영업 관리 역량 항목 구성 • 설문지 양식 구성 • 설문보고 마스터	• 세일즈 프로세스 – 세일즈 단계의 정의 도출 – 세일즈 프로세스 단계 구성 • 구매심리 프로세스 – 구매심리 단계의 정의 도출 – 구매심리 프로세스 단계 구성 • 세일즈 표준경로 설정 – 세일즈 단계의 정의 도출 – 세일즈 표준 단계 구성	• 세일즈 지표설정 방법론 구성 • 세일즈 지표 항목 구성 • 세일즈 지표 활용 사례

와 같이 진단모델, 구성요소, 선행지표로 나타낼 수 있습니다. 이렇게 세부적인 항목 관리가 되면 영업 조직의 성과가 빠르게 개선될 수 있습니다.

폐점 직전
자동차 대리점의 부활

●● 소통이 강한 영업의
시작이다

영업 활동에서 소통은 고객과 영업 전반에 대한 의사나 감정, 생각 등을 주고받는 행동을 의미합니다. 영업 직원은 고객과 소통을 해서 고객이 자신의 비즈니스에서 새로운 가치를 창출할 수 있도록 이끌어주는 역할을 해야 합니다. 특히 복잡하고 어려운 영업 활동의 경우에는 소통의 중요성이 더 커질 수밖에 없습니다.

프로 영업 직원이 가지고 있는 경험과 지식체계를 고객의 비즈니스에 접목하기 위해서는 고객과 함께 영업 활동에 대한 공감대를 형성하는 것이 가장 중요한데, 이 공감대를 촉진하는 역량이 소통입니다. 소통은 프로 영업 직원과 고객 간에도 매우 중요합니다. 하지만 때에 따라서 영업 직원은 고객과 고객 간의 소통, 프로 영업 직원 간의 소통까지 원활히 끌어낼 수 있어야 합니다.

●● 소통은 위기를
기회로 만든다

최근에 자동차 대리점의 경우에는 타 브랜드와의 치열한 경쟁뿐만 아니라 동일 브랜드 간의 판매 경쟁까지 심화되고 있어서 그 어느 때보다 살아남기 위한 노력이 절실한 시점입니다. 특히 수도권 지역에서는 가격 경쟁의 심화로 인해 대리점의 판매 수익이 떨어지면서 경영상의 어려움으로 대리점의 대표가 바뀌는 경우가 많아지고 있습니다.

제가 컨설팅을 했던 A대표는 이 지역에서 20년 넘게 대리점을 운영했는데, 최근에 우수한 영업 직원들이 대리점을 이탈하면서 판매가 심하게 위축되었고 매출 증가는 고사하고 정상적인 운영까지 어려운 상황에 처하게 되었습니다. 내부적으로는 본사의 신차 출시로 인해 판매 기회가 충분히 있음에도 불구하고 대리점 영업 직원들의 이탈로 6명밖에 안 되는 적은 인원의 영업 직원들과 함께 대리점을 운영해야 했고, 그로 인해 매출이 줄어들고 매출이 줄어드는 것과 비례해 본사의 지원도 줄어들어 영업이 점점 더 어려워지는 악순환의 고리에 놓여 있었습니다. 매달 대리점을 운영하기 위한 고정 경비는 동일하게 지출되는데, 영업 직원들의 감소로 인한 대리점 매출 감소와 함께 대리점의 수익이 줄어들게 되면서 경영난은 더욱 심화되었고 이러한 어려움을 극복하기 위해서는 특별 조치가 필요했습니다.

A대표는 영업을 통해 이 위기를 극복하겠다는 열정을 가지고 6명의 남은 영업 직원들을 설득하기 시작했습니다. 같은 대리점에서 같은 어려움을 겪고 있었지만, 대리점 대표와 대리점에서 일하는 영업 직원들의 입장은 매우 달랐습니다. 대표는 대리점의 어려움을 극복하려는 방법을 모색하고 있었지만, 영업 직원들은 어려운 대리점 상황으로 인해 자신들의 수입이 줄어드는 것에 대한 불만을 느끼고 있었던 것입니다. 이렇게 대리점 대표와 영업 직원들의 처지가 다르다 보니 대표의 의지와는 상관없이 영업 활동을 강화하자는 공감대를 형성하기가 어려웠습니다. 영업 활동을 강화해 새로운 해결 방법을 모색하려고 하는 대표의 노력이 영업 직원들에게는 오히려 자신들을 귀찮게 하는 일들로 여겨졌기 때문이었습니다.

대리점 대표는 좀 더 새로운 방식을 도입해 영업 활동에 변화를 준다면 적은 인원이지만 더 많은 성과를 창출할 수 있고 그 결과를 토대로 순차적으로 신규 영업 직원들을 증원할 수 있으리라 생각했지만, 이와 반대로 영업 직원들의 경우에는 오히려 자신들의 일만 늘어난다고 생각하고 있었던 것입니다. 이렇게 서로 처지가 다르다 보니 좀처럼 그 접점을 찾기 어려웠습니다.

이러한 어려움을 해결하기 위해 대표는 영업 직원들과 일상적인 소통을 통해서 해결책을 모색하게 되었습니다. 지금까지는 대표가 전체 조회를 진행하며 정보를 제공하는 방식이었습니다. 기존의 일방 통보식의 방법과는 달리, 새로운 소통 방법은 본사의 지원 담당 직원과 함께 변화된 영업 활동을 진행할 수 있는 프로 영업 직원의 도움을 받아 대리점 영업 직원들과 함께 소통하면서 변화에 대한 공감대를 형성하는 방식이었습니다.

우선 대표는 자신이 먼저 영업 활동의 변화 내용을 선행 학습 하기 시작했습니다. 다행히 대표는 타 회사에서 자동차 영업을 했던 경험이 있었고 지금의 대리점을 운영한 지 20년이 넘는 경험이 있었습니다. 그리고 프로 영업 직원과 선행 학습을 함께하면서 이 변화된 영업 활동을 진행하게 되면 대리점의 영업에도 많은 도움이 될 것을 확신했습니다. 하지만 문제는 영업 직원들을 어떻게 설득하느냐 하는 것이었습니다.

그동안 대리점의 경영난이 장기간 지속하면서 남은 영업 직원들의 활동까지 점점 더 위축되었고 이에 대한 격려와 독촉으로 인해 오히려 대표와의 관계도 많이 나빠진 상태였습니다. 더 안 좋은 점은 영업 직원들 간의 정보 교환도 단절되어서 이제는 서로의 활동에 대한 기본적인 정보도 공유하지 않게 되었다는 것이었습니다. 이러한 문제를 해결하고 새로운 방식을 도입하기 위해 대표는 영업 직원과 본사의 도움을 활용해서 자신과 영업 직원들의 멀어진 사이를 개선하기 위해 노력할 것을 결심했습니다.

우선 대표는 영업 직원들에게 지금 대리점 운영의 어려움이 모두 자신의 경영상의 미숙에서 오는 점이란 것을 인정했습니다. 이러한 어려움을 극복하기 위해서는 대리점만의 노력으로는 한계가 있어 본사 및 프로 영업 직원의 도움을 받아야 한다는 점을 모든 영업 직원에게 반복적으로 설명했습니다. 대표의 진심 어린 설명에도 불구하고 영업 직원들의 불신은 쉽게 누그러지지 않았습니다. 그동안 쌓여온 불신과 함께 새로운 방법에 대한 두려움까지 겹쳐서 남은 영업 직원들은 모두 부정적인 생각만 가지고 있었습니다.

이 단계에서 대표는 영업 직원들을 설득하는 과정에 본사 직원과 프로 영업 직원의 지원을 요청했습니다. 우선 본사의 관리 직원은 대리점의 경영 정상화를 위해 가능한 모든 지원을 다 하겠다는 약속을 했고 그와 더불어 대리점 대표와 영업 직원이 변화하기 위해 노력해야 상황이 변할 수 있다는 내용을 강조했습니다.

그 다음으로는 프로 영업 직원이 부정적인 생각을 하는 6명의 대리점 영업 직원들의 생각을 바꾸는 일이었습니다. 우선 프로 영업 직원이 진행했던 소통의 방식은 영업 직원들의 어려움을 듣는 것이었습니다. 그들의 불만이 무엇이고 그동안 어떤 어려움이 있었고 그중에서 본사나 대표에게 못한 말들은 어떤 것이 있는지 충분히 들어줬습니다. 대표와 본사 관련자들이 없는 자리에서 진행된 영업 직원들과의 대화에서는 그동안 말하지 못한 많은 불만이 쏟아져 나왔습니다. 그리고 그러한 불만들을 이야기하고 공유하는 것만으로도 영업 직원들의 불만 섞인 표정들이 조금씩 바뀌는 것을 느낄 수 있었습니다.

이러한 소통 단계를 진행한 다음에 프로 영업 직원은 영업 활동이 어떻게 진행될 것인지 솔직하고 자세히 설명했습니다. 대리점 영업 직원들은 새로운 것에 대한 막연한 두려움이 있었지만, 다행히 그들도 대리점의 어려움을 해결하기 위해서는 자신들도 일정 부분 어려움을 감수해야 한다고 생각하고 있었습니다. 프로 영업 직원이 영업 활동에 대한 세부 절차를 자세히 설명하니 영업 직원들도 조금씩 영업 활동을 기대하게 되었고, 이런 기대감 속에서 대리점의 어려움을 극복하면 자신들의 수입도 늘어난다는 점에 공감했습니다. 이렇게 단계적인 접근을 통해 어렵겠지만 한번 해보자는 작은 공감을 끌어낼 수 있었던 것입니다.

결국 이 영업 활동의 시작 단계에서 필요했던 것은 소통이었습니다. 단순히 영업 직원과 고객 간의 소통이 아니라 대리점 대표와 영업 직원, 본사 직원과 영업 직원들, 본사 직원과 프로 영업 직원 간의 전략적 소통이 필요했던 것입니다. 그동안 대리점 경영난 때문에 관계가 더욱 나빠졌던 대표와 영업 직원들 간의 소통에만 의존하는 것이 아니라 본사와 영업 직원이 직접 개입하여 새로운 상황을 만들어낼 수 있는 전략적 소통이 필요했던 것입니다.

우선 불신이 컸던 대표와 영업 직원들의 소통을 최소화한 후에 다음으로 불신이 컸던 본사 직원과의 소통을 진행하고 그동안 관계가 없었던 프로 영업 직원과의 소통을 단계적으로 진행하면서 실질적으로 대리점 경영에 가장 중요한 변수인 남은 6명의 영업 직원을 참여하게 할 수 있었습니다.

●● 역산 사고로 향상된 클로징 능력은
계약으로 직결된다

대리점 경영 활성화를 본격적으로 시작한 후 4달간의 영업 활동의 변화를 한마디로 말하면 대리점 영업 현장의 '클로징 능력'을 확대한 것이었습니다. 영업에서 클로징은 판매를 마무리하는 것을 의미합니다. 계약서에 사인을 하게 만드는 행위도 같은 클로징에 해당합니다. 자동차 영업의 특성상 고객들이 고가의 제품을 구매하기 위해 많은 의사결정의 단계를 거치는 특성이 있습니다.

이때 영업 직원들에게 가장 중요한 것은 강력한 클로징을 통해 판매를 완결하는 것입니다. 영업 직원들은 "지금 구매하신다면 가격을 10% 추가 할인해드립니다", "지금 계약하시다면 초회 납입금을 면제해드릴 수 있습니다" 등의 멘트를 활용해서 구매나 계약을 망설이는 고객의 마음을 빠르게 결정할 수 있도록 하는 것입니다.

클로징 능력을 확대하기 위해서는 우선 역산의 사고가 필요합니다. 영업 직원이 많은 자동차를 판매하는 데는 매우 많은 변수가 있으므로 명확한 목표를 설정한다 해도 그 목표를 달성하는 데 어려움이 많습니다. 설령 고객을 설득한다고 해도 최종 의사결정 단계에서 고객의 마음이 바뀌게 되면 그

동안의 모든 영업 활동이 한순간에 물거품이 되어버리는 특성이 있습니다. 이런 이유에서 많은 영업 직원이 영업 결과에 실망하고 목표 달성을 확신하지 못하고 있었습니다. 이러한 문제를 해결하는 가장 좋은 방법은 불확실한 결과를 역산의 사고를 통해서 확실한 결과로 만드는 것입니다.

자동차와 같은 고가 제품의 판매에서는 역산의 사고가 매우 중요합니다. 역산의 사고는 판매에서부터 시작됩니다. 우선 판매를 위해서 해야 하는 활동들을 처음부터 나열하는 것이 아니라 거꾸로 거슬러보는 것입니다. 자동차 한 대를 판매하기 위해서는 몇 번의 클로징을 해야 하고, 그를 위해서는 시승이나 중고차 처리를 몇 번 해야 하고, 그를 위해서 견적을 몇 번을 해야 하고, 그를 위해서 상담을 몇 번을 해야 하고, 그를 위해서 고객을 몇 명 발굴해야 하고, 그를 위해서 고객 접촉을 몇 번을 해야 하는지에 대한 순서를 거꾸로 계산하는 것입니다.

정리하면, '역산 방식'은 최종 판매 수량을 충족시키기 위해서 고객을 처음 만나는 단계에서부터 얼마나 많은 고객을 만나야 최종 판매 목표를 달성할 수 있는지를 계산하는 방법입니다. 결론적으로 최종 수량을 확정하기 위해 그 앞 단계에서 얼마만큼의 활동을 해야 하는지를 역산으로 계산하는 방식인 것입니다.

| 역산의 방식 사례 |

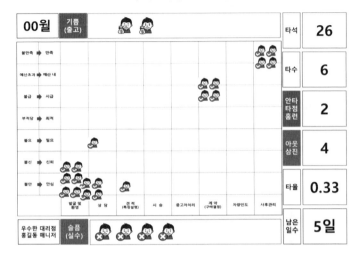

야구를 예로 들어보죠. 타율이 4할인 타자가 있다면 이 타자가 안타 4개를 치려면 10번 타석에 들어가야 한다는 계산이 나옵니다. 마찬가지로 자동차 영업 직원이 차를 한 대 팔려면 몇 명의 고객을 만나야 하는지를 계산하는 방식이 역산의 방식입니다.

역산 방식을 통해서 단순히 전시장에 방문하는 고객들을 대상으로 자동차를 판매하기보다는 영업 직원이 확실하게 자신의 판매에 영향을 줄 수 있는 행동, 즉 고객을 만나는 범위를 확대함으로써 자동차 판매의 불확실성을 낮추는 것입니다. 이렇게 고객을 발굴해가는 영업을 '경작영업'이라고 합니다.

경작영업은 자동차 전시장을 방문하는 고객을 상대로 판매하는 것과는 달리 고객이 있는 곳을 찾아다니면서 영업을 해야 하므로 실제 베테랑 영업 직원들에게도 쉽지 않은 영업입니다. 또 모든 영업 직원이 경작영업을 해야 한다는 것을 알면서도 쉽게 잊어버리고 맙니다. 어려운 일을 하기보다는 편한 것을 추구하는 사람의 특성상 이 영업을 지속적으로 실행하는 영업 직원들은 많지 않습니다.

대표와 함께 영업 직원들의 경작영업을 강화하기 위해 대리점 자체의 프로모션을 다시 보완하고 매일 하루를 시작하면서 고객 접촉 방법을 프로세스화하는 방식을 접목했습니다. 특히 영업 직원들에게는 본사에서 신차가 출시된 지금의 시점이 개인의 수입을 극대화할 좋은 기회임을 강조했습니다. 또 대리점 대표는 본사 직원까지 지원하고 있고 새로운 영업의 노하우를 지원받는 지금이 우리 대리점의 영업 수준을 한 단계 높일 좋은 기회라는 점을 영업 직원들에 강조함으로써 영업 직원들이 생각을 바꾸도록 지속적으로 노력했습니다.

비록 6명의 적은 수의 영업 직원들이었지만, 대리점 대표의 시속적인 실득에 영향을 빋아 생각이 조금씩 비꺼었습니다. 생각이 바뀌니 그동안 어려움을 겪으면서 지각을 하거나 안이한 근무 태도를 보이던 직원들의 행동이 바뀌기 시작했습니다. 조금씩 출근 시간도 빨라지고 서로 인사를 나누는 표정들도 밝아지면서 대리점의 영업 분위기가 점점 좋아졌습니다.

●● 경작 영업으로
분위기를 반전시키다

자동차 대리점 영업의 핵심은 인력과 시설입니다. 그중에도 영업 직원이 제일 중요한데, 최근에는 어려운 자동차 영업을 피하는 분위기가 있어 새로운 영업 직원을 충원하는 일이 그리 쉽지 않습니다. 또 어렵게 영업 직원을 채용해도 실제 영업을 시작하면 전시장에서 판매하는 방식에 의존하고 어려운 경작형 영업을 배우려 하지 않습니다.

대리점주로서는 전시장에만 의존하는 영업에는 한계가 있으므로 이와 함께 고객을 발굴하는 활동을 강조함으로써 좀 더 경쟁력 있는 영업 조직을 만들려고 노력하지만, 좀처럼 영업 직원들의 행동은 변하지 않습니다. 또 기존에 전시장에 찾아오는 고객 위주로 편안한 영업에만 의존하는 몇몇 선임 영업 직원들 때문에 어렵게 새로 충원한 영업 직원들까지 점차 그런 영업 형태를 택하게 되는 것이 대리점의 현실입니다.

대리점 대표는 이런 대리점의 영업 분위기를 바꾸기 위해 영업 방식이 매우 불량한 영업 직원들을 퇴사시키는 극단의 조치까지 취했지만 이러한 조치는 오히려 대리점의 전체 매출을 감소시켜서 그로 인해 본사의 지원이 축소되는 결과가 벌어졌습니다. 그 결과 성실하게 영업 활동을 하던 영업 직원들까지 같이 피해를 보는 상황이 되었던 것입니다.

대리점 대표로서는 이러한 한계를 극복하기 위해 직접 전시장에서 영업 직원들의 판매를 돕기도 하고, 까다로운 고객들의 상담을 지원하기도 했지만, 요구가 까다로운 고객을 설득하는 데는 한계가 있었습니다. 또 기존 고객들의 소개로 온 고객들도 구매할 때 까다로운 조건만 요구하기 때문에 수십 년의 자동차 판매 경력을 가지고 있는 대표로서도 별다른 해결책을 내놓을 수 없었습니다. 오히려 이러한 과정을 반복하면서 판매 현장에서 열심히 노력하는 직원들의 어려움을 알게 되었고 그에 대한 적절한 지원을 해주지 못하는 것에 대해 미안한 마음마저 가지게 되었습니다.

영업을 시작하면서 첫 번째로 강조했던 것은 대리점 내부의 우수 사례 공유였습니다. 자동차 영업의 특성상 각각의 영업 직원이 사업자이고 자신의 영업 노하우를 중요시하기 때문에 자신의 우수 사례를 다른 사람들과 공유하는 것을 매우 꺼립니다. 그에 더해서 대리점의 영업 실적이 나빠지면서 자신의 영업 현황을 다른 직원들과 전혀 공유하지 않는 상황이었습니다.

영업 활동을 컨설팅하면서 알게 된 점은 아무리 시장이 어렵고 고객들의 요구가 까다롭다고 해도 매일매일 고객들을 상대하면서 영업을 하고 있으므로 그중에 우수한 사례가 발생하고 있다는 것입니다. 이러한 우수 사례를 체계적으로 발굴해서 공유하면 점점 더 많은 우수 사례가 발생합니다. 선순환이 일어나는 것이죠. 그래서 첫 번째로 강조하는 것이 우수 사례 공유입니다. 이 대리점에 이 방식을 도입했습니다.

영업 활동에서 우수 사례를 공유하는 방식은 오픈 보이스와 자기 선언입니다. 매일 아침에 전체 직원들이 출근하면 20분 정도의 조회를 진행했습니다. 기존의 조회는 대리점 대표나 팀장이 본사의 정책을 공유하는 것이 대부분이었지만, 이러한 방식을 바꿔서 전날 전시장에 당직을 담당한 영업 직원이 그날의 오픈 보이스를 진행하게 했습니다. 전날 전시장 당직 근무를 한 영업 직원은 하루 동안 당직 근무를 하면서 고객과 상담한 내용 중에서 가장 우수한 사례를 다른 사람들 앞에서 3분 이내로 간단하게 발표를 하고 이 발표가 끝나면 대리점 대표나 담당 팀장은 그 영업 직원의 사례에 대해서 긍정적인 피드백을 하는 것입니다. 이때 중요한 것은 영업 직원이 사례를 발표하기 전에 3분 동안 다른 영업 직원들도 해

볼 수 있도록 격려를 하거나 대리점 자체적으로 프로모션을 걸어서 전체 영업 직원들이 시도할 수 있는 실마리를 잡아주는 것입니다. 이러한 피드백까지 끝나고 나면 대략 10분 정도의 시간이 걸립니다.

영업 직원들은 오픈 보이스 외에 '자기 선언'을 합니다. 자기 선언은 영업 직원이 자신이 오늘 할 일 중에서 가장 중요한 일 하나를 다른 사람들이 모두 들을 수 있도록 큰 소리로 말하는 것입니다. 그러면 다른 사람들은 그 사람의 중요한 일을 전체 복창하면서 박수로 격려해줍니다. 이러한 방식을 한 명도 빠짐없이 전체 인원이 진행합니다. 이렇게 모든 직원이 자기 선언을 하는 데는 5분밖에 시간이 걸리지 않습니다. 실제로 아침에 짧은 시간 동안 자기 선언을 하는 것만으로 그 일을 실제로 하는 확률은 20%나 올라간다는 것이 실제 영업 활동의 결과로 나와 있습니다.

이렇게 전일 당직 근무를 선 영업 직원의 오픈 보이스와 책임자의 피드백, 전체 직원의 자기 선언이 끝나고 난 후에 전달사항이나 간단한 정보를 공유하고 아침 일과를 시작하면 됩니다. 전체 조회 시간은 20분 이내로 진행되지만, 매일 하나씩 우수한 사례를 대리점 영업 직원 전체가 공유하면서 영업 활동을 할 때 자신감이 매우 커집니다. 또 전체 직원의 자기 선언을 통해서 대리점 전체의 영업 실행력도 20%나 상

구매 스텝	스텝 완료 신호	스텝업을 위한 중요 액션
1단계	대리점 방문고객 신규고객 창출	• 고객과의 공감대 형성 • 청결한 매장 유지와 깔끔한 복장으로 고객의 마음 열기
2단계	견적 상담	• 전문가답게 판매 조건을 고객에게 전달 • 전문가답게 성실한 견적을 제시하여 가망 고객 창출
3단계	중고차 처리/시승	• 신뢰와 성실한 가격 제시 • 기대 수준에 근거한 가격 제시
4단계	계약 차량 관리 및 인도	• 계약 후 차 인도 일정 상세히 안내하여 신뢰성 구축 • 타사 차보다 탁월한 보증기간 정확히 안내 • 고객의 거주지 정비센터 안내
5단계	사후 관리	• 1주 내 차량 관리 차원에서 안부 전화하기 • 소모품 교환 시기 안내

승하게 됩니다.

두 번째 강조하는 것은 판매가 아니라 영업을 하는 것이라는 점입니다. 기존에는 전시장을 찾아오는 고객들을 대상을 판매했다면 회사 전산시스템에 등록된 가망 고객들을 판매 프로세스와 고객의 구매심리 프로세스를 같이 적용하여 5가지 판매 단계로 구분한 다음에 이번 달에 몇 명의 고객을 접촉해야 하는지의 목표를 세우는 것입니다.

5가지 판매 단계에는 조사발굴 단계, 상담준비 단계, 상담 단계, 거래계약 단계, 사후관리 단계가 있습니다. 각각의 단계를 진행하기 위해서는 고객을 확보하기 위한 노력을 관리해야 합니다. 각각의 세일즈 단계에는 그 단계를 마무리하고 다음 단계로 올라가기 위한 중요한 액션이 있는데, 이 액션을 실행해야 다음 단계로 빠르게 오를 수 있습니다.

고객 접촉 목표를 세웠으면 영업 직원이 매일매일 활동표를 작성하고 목표를 관리하고, 그날의 대리점 전체의 실적을 모두가 함께 공유합니다. 개인의 실적이 아니라 대리점 전체의 실적을 공유함으로써 영업 직원들의 거부감도 최소화되고 대리점 전체의 영업 현황을 한눈에 볼 수 있으므로 자신의 영업 현황과 비교할 수 있게 됩니다. 이러한 과정을 통해서 영업 직원 모두가 그날의 고객 접촉 결과에 더 관심을 갖게 되고, 이런 활동을 지속함으로써 고객 접촉의 횟수가 증가하게 됩니다.

이런 관리는 기존에 전시장으로 찾아오는 고객을 기다리는 영업에서 벗어나 대리점 전체 고객의 현황을 매일매일 점검하고 그를 통해 개인의 고객 현황을 비교할 수 있도록 해주기 때문에 좀 더 적극적인 '경작 영업'을 할 수 있게 됩니다. 경작 영업은 농부가 씨를 뿌려서 수확을 하듯이 고객을 만드는 작업을 통해서 매출을 올리는 영업을 의미합니다. 즉 고객이 찾아와서 구매하는 경우에는 경작 영업에 해당하지 않고, 영업 직원이 고객을 발굴해서 그 고객이 영업 직원에게

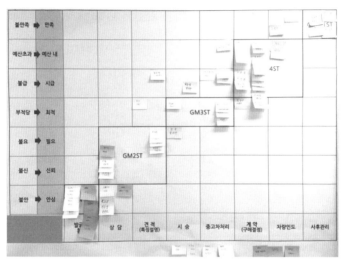

구매를 하는 영업의 형태를 경작 영업이라 합니다. 실제로 이렇게 경작 영업 활동을 한 결과 대리점 전체 직원의 고객 접촉 횟수가 30% 이상 증가하는 성과를 보였습니다.

마지막으로 강조하는 것은 모든 활동을 모든 직원이 볼 수 있도록 가시화하는 것이 중요하다는 것입니다. 제가 컨설팅 할 때는 영업의 결과를 눈으로 보이게 관리하는 경우가 많았 습니다. 대표적인 예로 매출을 나타내는 그래프가 그런 형태 입니다. 하지만 결과를 관리하는 것은 이미 영업이 완료된 상황을 나타내는 것이기 때문에 실제 성과에 미치는 영향은 그리 크지 않습니다. 영업 활동에서는 영업 직원들의 행동을 눈으로 보이게 관리해야 합니다. 자신이 만난 고객의 현황을 모두 볼 수 있도록 표시함으로써 대리점의 영업 활동 추세를 확인할 수 있게 되고 이를 통해서 부족한 부분을 영업 직원 모두가 공유하기 때문에 개선의 효과가 뚜렷해집니다.

영업 활동을 눈으로 보이게 관리하는 방법이 오픈 보드입니다. 다만 필요에 따라 오픈 보드의 형태는 그래프형이나 단계형으로 나눌 수 있습니다. 앞 페이지의 표와 같은 형식으로 고객을 관리하면 매일 사무실에서 고객의 현황을 알 수 있어서 누구나 쉽게 현재의 영업 진척사항을 알 수 있게 되는 장점이 있습니다. 결과를 관리하는 것은 영업 직원들을 평가하게 하지만, 과정을 관리하는 것은 영업 직원들의 행동을 독려하게 됩니다. 이러한 과정을 거치면서 영업 직원들은 고객을 만나는 일들이 단순히 어렵고 까다로운 것으로 아니라 판매를 완성하기 위해 반드시 거쳐야 하는 하나의 단계로 인식하게 되면서 그 단계를 진행하기 위한 준비를 더욱 철저히 하게 됩니다.

●● 영업 직원 공유의 판매 단계 운영으로
영업 기회 5배 증가

영업 활동의 변화를 진행하면서 가장 큰 성과는 전시장의 판매에만 의존함으로써 발생했던 영업 직원들의 이탈과 대리점의 경영 악화에 대한 과학적인 해결 방법을 찾았다는 것입니다. 이제 대리점 영업 직원들은 외판 프로세스와 고객의 구매심리 프로세스를 결합하여 자신의 판매 5단계를 만들어 운영하고 있습니다. 이러한 작업을 통해 단순히 몇 대의 자동차를 팔겠다는 판매 목표를 설정하는 방식에서 자신들이 확실하게 실행할 수 있는 몇 명의 고객을 만나겠다는 목표를 설정함으로써 기존의 수동적인 영업 방식이 적극적인 영업 방식으로 바뀌었습니다.

단순히 전시장 방문 고객들에 의존해 판매했을 때는 고객들의 까다로운 요구와 치열한 경쟁 때문에 많은 어려움을 겪었지만, 지금은 고객의 심리를 중심으로 고객 발굴의 범위를 5단계로 확장했기 때문에 영업의 기회가 5배 많아졌습니다. 이렇게 기회가 5배 증가하니 자연히 실적도 영업 활동이 변하기 이전과 비교하여 50% 이상 증대하는 효과를 거두고 있습니다. 이번 영업 활동은 대리점의 모두에게는 커다란 행운이었습니다. 영업 활동을 수행하면서 신규로 채용된 영업 직원도 3명이나 늘었고 이들이 기존의 영업 직원들과 같이 이런 영업 활동을 하면서 어려운 자동차 영업에 빠르게 적응했기 때문입니다.

대표가 고민했던 대리점의 영업 풍토는 이 영업 활동을 통해 자연스럽게 경작형 영업으로 바뀌었고, 대리점의 판매액이 증가하면서 본사의 지원도 늘었습니다. 또 새로운 영업 직원들까지 빠르게 자동차 영업에 적응하면서 이제는 어떠한 어려움이 있어도 충분히 극복하고 더 많은 성과를 올릴 수 있다는 자신감을 모두가 갖게 되었습니다.

사람이
새로운 가치를
창출한다

300%

01

초인재(Smart People)에 집중하라

●● **대표의 일은**
   초인재를 확보하는 것

기업을 강하게 만드는 사람이 초인재입니다. 기업을 경영하는 사람들은 많은 사람과 오랫동안 일하기 때문에 기존 직원들의 성과에 대해 실제보다 높게 평가하는 오류를 범합니다. 심지어 성과가 부진한 직원도 회사가 창립할 때부터 같이 일한 창업 공신이라는 이유로 그 직원의 성과에 대해서 정확하게 평가하지 못하는 경우가 많습니다. 또 아무리 냉정하게 직원의 성과를 평가하려 해도 초창기부터 수많은 어려움을 같이한 직원이라면 좀 더 높은 평가를 하는 경우가 많습니다.

경영자들은 회사의 경영 혁신을 원하고, 그 시작을 어떻게 해야 하는지에 대해 많이 고민합니다. 그러면서 기존의 직원들과 같이하는 경영 혁신의 어려움을 이야기합니다. 그 내용의 대부분은 현재 성과만 가지고 오랫동안 일해온 직원들을 냉정하게 평가하기 어렵다는 것입니다.

경영자들이 원하는 경영 혁신은 의외로 단순합니다. 기존의 일하는 방식을 성과가 더 높은 방식으로 바꾸면 됩니다. 그 중심에는 사람이 있습니다. 결국 일하는 사람들에게 변화를 주지 못하면 경영 혁신은 이루어지지 않습니다. 물론 경영 혁신을 위해 모든 직원의 일하는 방식을 바꾸기는 매우 어렵습니다. 그리고 기존에 하던 일에 급격하게 변화를 주면 직원들이 많이 힘들어합니다. 그런 이유에서 기존 직원들을 대상으로 경영 혁신을 빠르게 진행하는 것은 어렵고 성공 확률도 낮습니다.

경영 혁신에는 기존의 일하는 방식에 큰 변화를 줄 수 있는 직원들을 확보하는 것이 중요합니다. 하지만 그런 직원들을 기업 내부에서 확보하기는 쉽지 않다는 게 문제입니다. 경영 혁신을 추진할 수 있는 직원을 확보하는 가장 빠른 방법은 외부에서 경력 직원들을 채용하는 것입니다. 물론 인력을 계속 늘릴 수 없으므로 전체 필요 인원의 수를 명확히 하고 그 범위에서 가장 중요한 포지션을 최우선으로 충원하는 것입니다.

경영자로 일을 하다 보면 수많은 업무 때문에 시간을 아무리 아껴서 사용해도 항상 부족하다는 생각이 듭니다. 하지만 회사의 혁신을 주도할 수 있는 새로운 직원을 채용하는 것보다 더 중요한 일은 없습니다.

저는 기업을 경영하면서 직원을 채용하는 일을 내 업무에 최우선 업무로 생각합니다. 중소기업의 특성상 직원들의 이동이 많은 데다 생산 부문의 경우에는 수시로 직원들을 채용해야 하는 경우도 생깁니다. 여러 가지 일로 항상 바쁘지만, 직원을 채용하는 일은 말단부터 임원까지 최종 면접을 경영자로서 직접 보고 결정합니다.

제가 면접을 볼 때는 그 일을 담당하는 임원이나 팀장이 배석하기 때문에 최종 면접을 보고 결정할 때는 관련 관리자들의 의견을 80% 이상 반영합니다. 다만 제가 모든 직원의 채용 면접에 직접 참여함으로써 관리자들이 경영자가 판단하는 기준이 어느 수준인지, 면접하면서 어떤 질문을 하는지 잘 알게 되고, 그런 점 때문에 오히려 의사 결정이 빠르게 진행되는 장점도 있습니다.

무엇보다 중요한 것은 대표가 직접 모든 직원의 채용 면접을 본다는 것입니다. 이것은 대내외적으로 직원을 중요시한다는 일관된 메시지를 줄 수 있고 직원들에게도 소속감을 강화해주는 효과가 있습니다. 특히 요즘 시장에서 몸값이 높은 전산 관련 전문인력이나 젊은 직원들에게는 소속감을 부여하는 것이 매우 중요합니다. 직원들의 이직률이 높아지면 채용하는 데 들어가는 비용이 커지고 당연히 업무의 전문성도 약해지게 됩니다.

경영자는 채용 면접에 빠지지 않고 직접 참여해 의사결정을 함으로써 직원들과의 연대감도 높이고 채용된 직원들의 요구에 빠르게 파악할 수 있습니다.

●● 초인재를 운영하는
3가지 원칙

내부의 초인재를 지속해서 육성하는 것은 새로운 직원을 잘 뽑는 것 이상으로 중요한 일입니다. 아무리 우수한 직원이라 해도 제 일에서 성과를 내기 위해서는 일정한 시간이 필요합니다. 가능하다면 내부의 직원을 초인재로 육성하는 것이 훨씬 좋은 방법입니다.

직원들의 역량은 빠르게 늘어나지 않을 뿐만 아니라 업무 태도도 쉽게 바뀌지 않기 때문에 노력보다 성과가 크지 않습니다. 내부에 있는 초인재를 잘 관리해서 높은 성과를 계속 유지하기 위해서는 3가지 원칙이 필요합니다.

첫 번째 원칙은 초인재에게 일을 몰아주지 않아야 한다는 것입니다. 특히 우수한 직원들이 부족한 경우 중요한 일들이 초인재에게 몰리는 경우가 많은데 이런 경우 초인재가 범재가 되는 결과를 벌어질 수 있습니다. 한 사람이 감당하기에 너무 많은 업무가 몰리기 때문에 과부하가 걸리는 것입니다.

두 번째 원칙은 초인재에게 지속적인 관심을 가져야 한다는 것입니다. 직원의 측면에서 보면, 일을 하면서 많은 성과를 내려면 그만한 역량을 가지고 있거나 자신의 노력이나 시간, 즉 인풋을 더 투입해야 합니다. 그렇게 지속적으로 일할 수 있으려면 팀장이나 관리자가 성과에 대한 지속적인 피드백을 주고 관심을 둬야 합니다. 그렇게 하면 경영자도 현장에서 일어나는 일을 명확하게 파악할 수 있고 잘하는 부분에 대한 명확한 성과를 회사에 전체에 전파할 수 있습니다.

세 번째 원칙은 어떠한 일이 있어도 초인재의 성과에 대해서는 반드시 피드백을 줘야 한다는 것입니다. 예전에 근무했던 회사에서 회사 중장기 전략을 맡은 전략실에 과장이 두 명 있었습니다. 이 두 사람은 거의 같은 시기에 회사에 입사했고 처음에는 일하는 방식도 우위를 가릴 수 없을 정도로 비슷한 역량을 가진 사람들이었습니다.

하지만 이후에 더 높은 성과를 냈던 과장이 팀장으로 승진하게 되었고, 승진 후 2년간의 근무 기간 동안 두 사람의 업무 성과에 큰 차이가 있었습니다.

더 높은 성과를 내 팀장이 된 직원은 더 많은 성과를 내려고 노력한 반면, 승진하지 못한 다른 과장은 집중도가 떨어져서 결국 두 직원 간의 성과 차이가 커진 것입니다. 입사 시기가 비슷하고 역량도 비슷했지만, 제 일을 스스로 찾아서 하는 사람과 그렇지 못한 사람은 차이가 나기 마련이죠.

매년 성과를 평가하는 회사에서 2년의 세월은 결코 짧지 않습니다. 그 결과는 상당히 크게 나타나지만, 정작 당사자들은 그것을 받아들기 쉽지 않은 법입니다. 제가 2년 동안 성과가 높았던 과장을 전략팀 팀장으로 발탁했을 때, 그렇지 못했던 다른 과장은 상대적인 박탈감을 느꼈을 것입니다. 그리고 입사가 비슷하고 직급이 같은 동료가 팀장이 되어서 자신이 팀원으로 일하기가 어렵다는 태도를 밝히기도 했습니다.

이렇듯 결국 기업에서 초인재는 직원 자신의 지속적인 자기 계발과 회사 차원의 조직적인 지원이 있어야 높은 성과를 유지할 수 있습니다. 아무리 우수한 직원이라 해도 자기 계발이 부족하거나 조직의 지원이 부족하다면 높은 성과를 내기 어렵다는 이야기입니다. 기업의 초인재는 상당한 시간 동안 관심을 가지고 육성해야만 관리할 수 있습니다.

만약 제가 앞서 말한 전략팀에 있는 두 명의 과장이 비슷한 시기에 입사했고 과장으로 승진한 시기도 비슷해서 과장이 된 후 2년의 성과에 대해 두 명 모두에게 두리뭉실한 보상을 했다면 오히려 전략팀의 분위기가 편했을 수도 있습니다.

하지만 반대로 성과가 높았던 과장에게 확실한 보상을 하지 않았다면, 앞으로 전략팀에서 새로운 일들을 좀 더 공격적으로 추진해서 높은 성과를 내야겠다는 동기부여는 확실히 약해졌을 것입니다.

이렇듯 성과를 명확하게 보상하는 방식으로 초인재를 관리하게 되면 회사가 원하는 일하는 방식에 따라오는 직원들이 점점 늘어날 것이고, 결론적으로는 초인재의 수준에 오르는 직원들도 많아지게 됩니다. 그 결과 전체 직원들의 업무 성과가 동시에 향상되는 효과가 생기는 것입니다.

●● 초인재를 움직이는 힘은
따로 있다

철강왕으로 불렸던 앤드류 카네기나 자동차의 대중화 시대를 연 핸리 포드와 같이 위대한 사람들의 공통점은 명확한 비전을 가지고 있었다는 것입니다. 제가 기업들을 대상으로 컨설팅을 진행하면서 확인한 사실은 영업에서 높은 성과를 내는 사람들은 자신의 일에서도 명확한 비전을 가지고 있다는 공통된 특징이 있다는 것입니다. 이러한 직원들에게는 업무 지시를 내리거나 성과를 관리할 필요가 없습니다. 자신의 비전을 가지고 일하는 직원들은 조직에서 관리하지 않아도 다른 직원들에 비해 월등한 성과를 내기 때문입니다. 문제는 다른 직원들과 비교해서 월등한 성과를 계속해서 낸다는 것입니다. 이것은 겉보기와는 다르게 좋은 현상이 아닙니다. 이 현상을 문제로 보는 이유는 지속적으로 높은 성과를 내는 직원들에게 보상을 계속 해주다 보면 다른 직원들과의 격차가 커지기 때문입니다.

조직에서는 입사가 같은 동기 중의 한 사람이 빠르게 승진하거나 특진을 하는 경우가 있습니다. 그런데 그런 사람들이 시간이 지나고 나서 보면 성과가 떨어져 있는 경우도 있고 회사를 떠나는 경우도 있습니다. 같은 일을 하는 직원들 사이에서 초인재들의 성과에 따른 보상을 해주다 보면 다른 직원들과의 급여나 직급의 차이가 벌어지는데, 이러한 현상은 다른 사람들이 초인재를 견제할 수 있는 환경을 만들어주는 것입니다. 그래서 다른 사람들과의 업무 협조나 공조가 어려워 지속적으로 높은 성과를 만들지 못하는 결과가 벌어지고 맙니다.

급여나 직급으로 보상하는 데 한계가 있다면, 성과가 높은 직원들에게 어떤 보상을 해줘야 하는 것일까요? 성과가 높은 직원은 관심과 칭찬을 통해 관리해야 합니다. 모든 성과에 대해 다 보상할 수 없을 때 경영자나 관리자들이 계속 칭찬하고 동기부여를 하는 것입니다. 이러한 일들이 반복되면 오히려 주변에서 시기하는 직원들도 생기지만, 다른 직원들이 시기하는 것은 초인재를 견제하는 것과는 큰 차이가 있습니다.

보상이나 직급에 차이가 있으면 직접적으로 업무를 할 때 비협조적으로 대응하지만, 상사나 조직에서 칭찬하고 높게 평가하는 부분에 대해서 초인재를 견제하기보다는 그 상사나 조직의 편애로 생각하기 때문에 시기의 대상이 달라지는 것입니다.

직원들이 초인재가 되어야 회사가 초일류 회사가 되는 것은 당연합니다. 초인재는 범재와 다르다는 특성이 있습니다. 회사의 경영진이 초인재들을 직접적으로 관리해야만 그들의 성과가 회사에 공유되고, 그에 따라 모든 직원의 전체적인 업무 수준이 올라가는 현상을 만들 수 있습니다.

코로나 이전과 이후의 상황은 천지가 개벽하는 수준으로 바뀌고 있습니다. 더 중요한 것은 코로나로 인해 전체 시장이 영향을 받아 상황이 나빠지는 것은 거의 모든 회사가 비슷한 수준으로 겪고 있지만, 그 이후에 시장이 다시 좋아질 때 모든 회사가 같이 좋아지는 것은 아니라는 것입니다. 시장이 변하면 고객들은 모든 회사를 다 기억하지 못합니다. 심지어 이

전에 1등이었던 회사조차도 기억하지 못할 수 있습니다. 시간이 지나고 상황이 좋아졌을 때 고객들이 기어하고 시장에서 성장하는 회사는 더 높은 가치를 제공하는 기업들입니다.

이렇게 이전과 다른 더 높은 가치를 시장에 제공하기 위해서는 회사의 초인재들이 높은 성과를 계속 내면서 그 성과를 다른 직원들이 같이 공유하여 회사의 전체 업무 수준이 높아져야 가능합니다. 그렇게 해야 시장에 다른 기업들보다 더 높은 가치를 제공할 수 있고 그런 기업들만이 새로운 시장을 확보할 수 있습니다.

02

강한 영업의
드림 시트를 설정한다

●● 영업 활동의 방향성을
제시하는 드림 시트

영업은 직원과 고객 간의 상호작용을 통해 이루어집니다. 즉 사람의 비중이 높은 활동으로, 누가 더 강한 정신력을 가졌는지가 성과와 직결되는 특성이 있습니다. 영업을 수행하는 사람들의 정신력이 강하면 시장의 경쟁이 치열하거나 시장에 제공하는 가치가 상대적으로 낮아도 일정한 수준의 성과를 유지할 수 있습니다.

정신력과 성과 간의 상관관계를 증명하는 가장 확실한 증거는 경쟁이 치열한 산업에서 명확하게 나타납니다. 보험, 자동차, 제약 영업 등이 대표적으로 경쟁이 치열한 영업으로

손꼽히는데, 이 시장에서 가장 높은 매출을 올리는 영업 직원은 항상 시장점유율 1위 업체의 소속이 아닙니다. 또한 강력한 브랜드가 있거나 제공하는 가치가 높은 제품을 많이 판매하는 영업 직원도 아닙니다.

항상 가장 높은 성과를 올리는 영업 직원은 고객을 대상으로 자신의 위치에서 최선의 노력을 다하는 사람들입니다. 이런 영업 직원들의 특징은 자신의 모든 것을 고객, 회사, 동료들과 수시로 공유하면서 영업의 가능성을 계속 높여가는 사람들입니다. 이 직원들은 사람들과 영업 정보를 공유하면서 자신의 정신력을 강하게 유지하게 위해 몇 가지 도구를 활용합니다. 그 도구들로는 자신이 가지고 있는 목표를 공유하는 드림 시트, 오픈 보드, 오픈 보이스, 자기 선언 등이 있습니다.

그중에서 드림 시트는 영업에서 이루고 싶은 수준을 그림이나 이미지로 나타내는 것으로, 조직 단위 또는 개인 단위에서 이루고 싶은 수준을 눈으로 보이게 해서 그 수준을 달성하게 하려는 의도에서 진행됩니다. 그래서 영업 직원이 개인적으로 운영하는 때도 있고 영업 팀이나 영업 조직에서 공동으로 운영하는 때도 있습니다. 개인 및 조직에서 하고자 하는 것을 명확하게 제시함으로써 드림 시트를 통해서 해야 하는 일을 수시로 확인하고 그 일을 하는 방향을 조정하는 것이 드림 시트의 운영 목적입니다.

드림 시트에 주로 표시되는 내용은 우선 성과와 관련되어 있습니다. 특히 성과를 나타낼 때는 정량적인 부분과 정성적인 부분을 같이 표현하는 것이 중요합니다. 대부분 영업 조직에서는 개인 및 조직이 가지고 있는 목표를 숫자로 표시하고 있는데, 그 숫자를 연간 목표 또는 이번 달의 목표로 작성하여 모두가 공유할 수 있게 하는 것이 좋습니다. 이러한 과정을 통해서 전산이나 개인의 핵심성과지표(KPI, Key Performance Indicator)에 연관된 내용을 매일매일 쉽게 확인할 수 있게 됩니다.

드림 시트에서 정량적인 부분과 함께 반드시 표현해야 하는 부분은 정성적인 목표입니다. 정성적인 목표는 정량적인 목표와는 다르게 측정할 수는 없지만, 개인이나 조직이 꼭 이루고 싶은 것들을 표현하는 것입니다. 예로 들어 우리 팀이 올해 사내 최고의 영업팀으로 선정된다고 가정해보죠.

'영업팀 전체가 해외 연수에 참여한다' 등의 내용으로 영업 직원들 모두 같이 활동하여 그 결과로 전원이 받을 수 있는 혜택을 나타내는 것입니다. 개인별로 작성하는 경우에는 '올해의 판매왕이 된다', '가족과 유럽 여행을 떠난다' 등과 같이 매일 또는 사신의 활동이 부진하거나 동기부여가 필요한 시기에 수시로 보면서 자신의 정신력을 강화할 수 있는 내용이면 더욱 좋습니다.

첫째, 조직 단위로 운영되는 드림 시트

팀이나 조직 단위로 드림 시트를 운영할 때는 모든 직원이
모여서 아이디어를 낸 후에 그 아이디어를 중심으로 간단한
초안을 만들어 1주일 정도 활용해보는 것으로 시작하면 좋
습니다. 1주일 정도 시간이 지난 후에 다시 팀 전체가 모여서
그 내용을 확인해보고 잘못된 부분을 수정한 후에 확정하는
단계를 거칩니다.

이때 꼭 확인해야 할 부분이 있습니다. 팀 전체의 의견이

조직 단위 드림 시트 예시 1

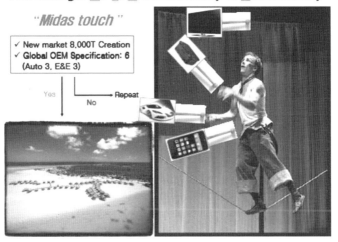

조직 단위 드림 시트 예시 2

반영되었는지, 정기적으로 수정해야 하는 부분을 어떻게 표시할 것인지, 내부에 어떤 방식으로 게시할 것인지 그 방법들을 논의하는 것입니다.

대부분 가장 많이 사용하는 방식은, 전지나 반 전지 크기의 종이에 모두 내용을 같이 작성해서 사용한 후 1주일 정도 시간이 지난 다음에 수정할 내용을 확인해서 수정하고 나서 디자인을 완성하여 사무실에서 가장 잘 보이는 곳에 게시하는 방식입니다. 각사 컴퓨터 모니터의 바탕화면에 완성된 디자인을 깔아서 공유하는 방법도 있습니다.

어떤 방식을 이용하든 팀 단위 드림 시트를 운영할 때 가장 중요한 점이 2가지 있습니다. 첫 번째는 '팀의 모든 인원이 참여했는가'라는 것과 두 번째는 '모두가 항상 확인할 수 있는 장소에 게시되었는가'라는 것입니다.

둘째, 개인 단위로 운영되는 드림 시트

드림 시트를 개인적으로 작성하는 경우도 많습니다. 팀 전체의 영업 목적을 명확히 하기 위해서 팀 단위로 드림 시트를 작성한다면, 개인별 영업 목적을 명확히 하기 위해 개인 단위로 드림 시트를 작성하는 것입니다.

개인적으로 드림 시트를 작성하는 때도 2가지 방법을 사용할 수 있습니다. 하나는 팀 전원이 한 곳에 개인별로 가진 정량적 또는 정성적 목표를 표시하는 것입니다. 다른 하나는 개인별로 작성하는 방식입니다. 첫 번째 방법을 이용하면 약간의 경쟁의식을 가질 수 있게 하는 효과가 크고, 두 번째 방법을 이용하면 개인의 드림 시트를 세분화해서 작성할 수 있다는 장점이 있습니다. 두 번째 방법을 택할 때는 개인별로 자신의 미션, 비전, 핵심 가치, 경영 목표, 전략 방향, 실행과제를 세부적으로 모두 표시해야 합니다.

세일의왕

"세일! 최선을 다해
열심히 할 수 있습니다"

B2B 세일의 달인, 자우

성과의왕

"나에게 자존심 같은 건
아무것도 없다!"

3년 연속 200억 원 유치 달성…!

매출의왕

BTS No.1 우먼파워…!

" 현실적으로 냉정하게 생각해!
그게 우리 세계의 원칙이야"

영업계의 팜므파탈, 제기

개인별 드림 시트 예시

맨땅에서 단기간에
100호점을 개설한
프랜차이즈 기업

●● 고객 없이
새로운 시장에 진입하다

대구 출신의 S사장은 근면, 정직, 성실을 무기로 지난 30년 간 안경사에서 안경업 경영자로 국내 안경시장의 판을 바꿔 온 분입니다. 저는 지인의 소개로 S사장이 운영하는 P브랜드 안경의 프랜차이즈 사업화 컨설팅을 2년간 진행했습니다. 이 컨설팅은 프랜차이즈 100호점을 개설하는 성과를 이룬 사례 입니다.

먼저 새로운 시장에 진입하기 위해서는 고객 확보가 우선 되어야 합니다. 국내에 있는 안경원은 60% 이상이 수도권에 포진되어 있습니다. 다시 말해 지방에서 안경 프랜차이즈를 운영하는 것은 60%의 시장을 포기한 채 사업을 진행하는 것과 같습니다. 결론적으로 시장에서 메이저 업체로 성장하기 위해서는 수도권 진출이 필수적입니다.

하지만 지방에 본사를 두고 있는 안경 프랜차이즈 입장에서는 기존의 거점이 아닌 수도권에 새로운 거점을 구축한다는 것이 쉽지 않은 일입니다. 이런 경우에 먼저 진행해야 할 것은 진출하고자 하는 거점에 시범 점포를 진입시키는 것입니다. 그런 후 그 거점을 중심으로 영업을 시작해 프랜차이즈 가맹점을 확보해가는 방법을 이용하는 것이 가장 효과적입니다.

저는 이와 같은 방법을 활용했고, 수도권 지역에 거점 점포를 확보한 다음에는 곧바로 다음 단계로 넘어갔습니다. 제가 진행한 일은 영업팀을 선정해서 가맹 점포를 모으는 활동이었습니다. 유명 프랜차이즈 같은 경우에는 상품 인지도나 광고를 통해서 가맹점을 쉽게 모을 수 있지만, 신규 프랜차이즈의 경우에는 이러한 자본과 여력이 없으므로 영업을 통해서 가맹점을 모집하는 방법을 사용해야 합니다.

우선 시범 점포에서 활용했던 안경원 운영 시스템을 정리하여 홍보물을 제작하여 그 자료를 가지고 수도권의 일정한 영역을 선정하여 무작위로 영업을 실행했습니다.

3명의 영업 직원이 하루 5개 안경원을 방문하는 것을 목적으로 영업 활동을 전개하여 경기 남부 지역의 1,000개 점포를 방문했습니다.

점포의 방문 횟수가 늘어나면서 관심을 보이는 안경원이 생기기 시작했지만 정작 지점으로 계약하는 작업은 쉽지 않았습니다. 하지만 일정한 방문 횟수가 지나면서부터는 상담 건수가 늘어났고 상담 건수가 증가하는 것에 비례하여 계약 건수도 증가했습니다.

처음에는 매우 더디게 증가하는 세일즈 안건들이 1년이라는 세월이 지나자 빠르게 증가했고 프랜차이즈 지점의 계약 건수도 비례해서 증가했습니다. 이러한 과정을 거쳐 지방에 있었던 프랜차이즈 본사는 수도권으로 거점을 옮기게 되었습니다. 이렇듯 지방에 활동하던 프랜차이즈 사업을 수도권으로 옮기는 데 가장 중요한 것은 가맹점을 확보하기 위한 영업이었습니다.

시범 점포를 중심으로 영업을 전개하면서 하나씩 가맹점을 확보해가는 방법은 일종의 경작 영업으로 상당한 노력을 들여야 합니다. 그러나 이러한 영업을 통해 발현되는 성과는 뒤로 물러서지 않는다는 특징이 있습니다.

즉 한번 구축된 세일즈 사이클이 지속적으로 작동하기 때문에 계속 성과를 낼 수 있다는 것입니다. 대체로 이러한 사이클을 구축하지 않고 영업을 진행하면 단기적인 성과를 얻을 수 있지만, 지속적인 성과를 구축하는 데는 문제가 발생합니다.

●● 신규 고객을 발굴하는
3가지 원칙

신규 고객을 발굴한다는 것은 모든 영업 활동의 기본입니다. 즉 어떤 영업이든 고객을 계속 발굴하지 않으면 지속적으로 성장하기 어렵기 때문입니다.

만약 신규 고객을 발굴할 때 기존 고객들이 존재하는 상황이라면 기존 고객들에게 추천을 받기도 하고 주변에 입소문을 활용할 수 있어서 비교적 쉽게 신규 고객을 발굴하는 영업 활동을 할 수 있습니다. 하지만 새로운 지역에서 기존 고객들 없이 새로운 고객들을 발굴하는 영업은 마치 새로운 비즈니스를 시작하는 것만큼 어렵습니다. 다음은 신규 고객을 발굴하는 3가지 원칙입니다.

첫째, 세일즈 프로세스의 정립
새로운 시장에서 프랜차이즈 가맹점을 확보하기 위해서는

우선 세일즈 프로세스를 정립해야 합니다.

이때 프로세스 정립은 영업 직원들이 해야 하는 일들을 고객의 정의 기준에 맞춰 정립해야 하는데, 저는 우선 방문, 발굴, 상담, 협상, 계약, 관리의 6단계로 프로세스로 설정했습니다. 여기에서 특이한 점은 프랜차이즈 영업의 특성상 고객을 발굴하는 전 단계에 방문 단계가 존재한다는 것입니다.

프랜차이즈 지점을 확보하는 영업에는 2가지 방법이 있습니다. 하나는 현재 영업을 하는 지점을 당사의 가맹점으로 확보하는 것이고, 다른 하나는 새로 시작할 점포를 계약하는 것입니다. 기존에 영업하고 있는 점포를 방문하여 당사 프랜차이즈 정책을 설명하면서 가맹 점포를 확보하는 영업을 하는 단계가 있어서, 맨 첫 단계를 방문의 단계로 정했습니다.

아무래도 새로 점포를 시작할 계획이 있는 사람들의 경우에는 기존 점포에서 일하는 경우가 많다는 점을 고려하면 기존 점포를 방문해서 신규 점포를 발굴하는 것이 중요한 단계가 된 것입니다. 이렇게 6단계의 세일즈 프로세스를 정리하고 난 후에는 단계마다 고객의 기대사항을 설정한 다음에 그것을 충족시키기 위해 어떤 일을 해야 하는지를 핵심 행동으로 정리했습니다.

처음 막연하게 새로운 점포를 개발한다는 것은 무척 힘든 작업입니다. 하지만 우리가 발굴해야 하는 대상이 명확해지고 그 대상들을 중심으로 활동해야 하는 프로세스를 설정하고 난 다음에 각 단계에서 고객의 기대를 충족시키기 위해 해야 하는 일까지 명확하게 규정하고 나니 영업에서 해야 할 일이 명확해졌습니다.

사전에 철저하게 준비했지만, 계획대로 지정된 지역을 방문하여 영업 활동을 해서 신규 점포를 발굴하는 것은 많은 시간이 걸렸습니다. 우선 방문한 점포의 점주들이 프랜차이즈에 대한 정보가 없었기 때문에 영업 직원들이 방문한다고 해서 관심을 쉽게 끌어낼 수 없었던 것입니다. 그래서 처음에는 매일 5개 이상의 점포를 무조건 방문하여 관심을 보이는 점포와 그렇지 않은 점포들을 선별하는 작업을 진행했습니다. 이 작업은 조금 무모하기는 했지만, 아무것도 없는 상태에서 처음 시작할 수 있는 유일한 방법이기 때문에 이렇게 진행했습니다.

첫 번째, 3명의 영업 직원이 하루에 5개 점포를 방문한다.

두 번째, 1주일에 25개 점포를 3명이 방문하여 총 75개 점포를 방문한다.

이러한 방식으로 3개월을 방문하니 800개 정도의 점포를 방문하게 되었고, 6개월을 방문하니 1,600개 점포를 방문할 수 있었습니다. 3월부터 시작한 방문 활동은 무더운 여름 시즌까지 포함해서 9개월 동안 진행했습니다. 무척 지루하고 힘든 작업이었지만, 명확한 계획을 세우고 진행했기 때문에 그 효과가 극대화되었습니다. 이렇게 방문 점포가 늘어나면서 계약이 가능한 점포들이 선정되었고, 가능성이 큰 점포들을 대상으로 영업을 집중할 수 있는 목표가 설정되었습니다.

둘째, 방문 대상의 설정

영업 직원들의 방문을 중심으로 세일즈 프로세스의 2단계인 발굴 작업을 진행했습니다. 점포 방문의 단계에서 접촉한 1,600개 이상의 점포 중에 영업 직원의 방문에 관심을 보이거나 영업 직원들이 판단하기에 가능성이 큰 점포들을 방문해서 상담을 진행하는 것입니다.

발굴 단계는 방문 단계와 다르게 무작위로 진행할 작업이 없으므로, 이때는 방문 점포 수가 줄어들게 됩니다. 이러한 점을 고려하여 발굴의 효율성을 높이기 위해서는 동일한 기준을 가지고 발굴 점포를 선정해야 했습니다. 그 기준은 간단해서 우선 영업 직원들의 방문에 관심을 보인 점포, 관심을 보이지 않았지만 지역적 특성 때문에 다시 한번 방문해야 하는 점포를 선정했습니다.

이러한 선정 기준을 가지고 점포를 방문해서 고객들이 기대하는 사항을 충족시키기 위한 노력을 기울였습니다. 발굴 단계에서 고객들이 기대하는 것은 단순합니다. 점포에서 영업하는 고객들은 다른 점포의 정보나 시장의 흐름에 대해 관심이 많았기 때문에 발굴 단계에서는 그에 대한 기대를 충족시키는 것을 목표로 설정하고 진행했습니다.

발굴 단계에서 직접적으로 비즈니스의 단계로 들어서면 고객들이 부담을 느낍니다. 그래서 우선 고객들이 기대하는 정보를 제공하면서 신뢰를 쌓아가는 작업을 진행한 것입니다. 이러한 작업을 진행하면서 관심을 가진 고객들과 빠르게 신뢰 관계를 구축할 수 있었고 신뢰 관계가 구축된 점포들을 대상으로 상담의 단계를 진행할 수 있었습니다.

셋째, 방문 목표의 수준 결정하기

고객과 상담하기 위해 방문하는 경우에는 정확한 방문 목표를 가지고 방문해야 합니다. 그 목표를 방문 목표라고 하는데, 보통 방문 목표는 '방문을 열심히 한다', '고객사의 담당자와 면담한다', '고객사의 담당자와 1시간 이상 면담한다' 등 총 1~6수준으로 나뉩니다.

일반적으로 방문 목표는 방문 시에 달성한 결과를 가지고 그 수준을 구분합니다. 다음 페이지의 표에서는 수준을 어떻게 구분하는지 보여주고 있습니다.

| 방문 목표의 수준 |

	방문 목표 설정 사례	달성 유무 명확	상세 선명함	정량적	고객 반응	사전에 준비할 것, 알아둬야 할 것
6수준	고객사의 담당자에게 당사 제품의 특징을 설명하고 2개 이상의 질문·의뢰를 받는다	○	○	○	○	• 제품의 차별화 요소 • 질문·의뢰를 받는 시나리오
5수준	고객사의 담당자와 1시간 이상 면담을 하고 당사 제품의 특징을 설명한다.	○	○	○	×	제품의 특징에 관한 설명자료나 설명 연습
4수준	고객사의 담당자와 1시간 이상 면담한다.	○	△	○	×	1시간 이상 이야기하기 위한 화제
3수준	고객사의 담당자와 면담한다.	○	×	×	×	담당자와 만날 수 있는 시간
2수준	고객사에 방문한다.	△	×	×	×	없음
1수준	방문을 열심히 한다.	×	×	×	×	없음

현장에서 영업 직원들이 방문 목표의 수준이 보통 1수준이나 2수준로 설정하는 것을 5수준 또는 6수준으로 설정할 수 있도록 하는 것이 중요합니다.

6수준은 어느 점포에, 누구를 만나서, 무엇을 설명하고, 고객의 반응을 조사한다는 4가지 요소가 충족되는 방문 목표를 설정하는 것입니다. 이렇게 4수준이나 6수준의 방문 목표가 설정되면, 방문의 목적이 명확해지고 그 방문을 위해

사전에 준비해야 하는 것들도 빠트리지 않고 준비할 수 있습
니다.

심플한 프로세스가
성과를 만든다

300%

01

구매심리 프로세스를
파악하라

●●● 7단계 구매심리
프로세스

> "4차 산업혁명 시대의 디지털 경제에서 고객의 구매 경로는
> 고객 사이의 연결성을 상징하는 5A, 즉 인지, 호감, 질문, 행동,
> 옹호 단계로 새롭게 정의되어야 한다. 기업 활동의 궁극적인 목
> 표는 고객을 인지에서 옹호 단계로 이동시키는 것이다."
>
> – 미국의 경영학자 필립 코틀러(Philip Kotler)

영업 직원이 상대하는 고객의 구매심리는 복잡합니다. 그래
서 고객의 심리가 움직이는 궤적을 명확하게 하는 작업이 필
요합니다. 마치 영업 직원들이 해야 하는 일을 세일즈 프로

세스로 명확히 하는 것처럼, 고객 심리의 변화도 고객의 심리가 변화하는 단계에 따라 프로세스로 정의하면 영업 직원들이 고객 심리의 변화를 명확하게 파악할 수 있습니다.

동서양을 막론하고 '인간의 마음'이라는 주제는 꾸준한 관심을 끌었습니다. 독일의 철학자 빌헬름 분트(1832-1920)는 1879년 심리학 실험실을 만들어 현대 심리학의 시초인 인간의 마음을 얻는 '과학적 방법론'을 제시했습니다. 이런 실험을 통해서 분트는 사람의 마음에 움직임에는 일정한 단계를 가지고 있다고 정의했습니다. 미국의 경영학자 필립 코틀러는 4차 산업혁명의 시대에 필요한 새로운 마케팅 툴과 전략을 제시하는 저서 《마켓 4.0》에서 고객의 심리 단계를 인지, 호감, 질문, 행동, 옹호까지의 5단계로 설정했습니다. 이 단계를 고객을 직접 상대하는 영업의 측면에서 본다면, 불안한 고객의 심리를 안심시키는 것에서 시작해서 최종적으로 계약 후 불만인 마음을 만족으로 바꾸는 것까지 7단계로 설정할 수 있습니다. 이 7단계는 불안, 불신, 불필요, 부적합, 불급, 예산초과, 불만으로 표시할 수 있습니다.

7단계 고객 심리의 특징은 낮은 단계의 부정적인 고객 심리를 긍정으로 바꾸지 않으면 더 높은 심리 단계로 진행될 수 없다는 것입니다. 즉 고객의 불안한 마음을 안심시키지 않고서는 고객의 신뢰를 얻을 수 없다는 것이죠. 그래서 고객의

구매심리		구분	설명
불안	안심	정의	**영업 직원을 믿지 못하는 것에서 오는 심리적 허들**
		스텝 완료 신호	Key-man이 갖고 있는 기업, 상품, 영업직원에 대한 불안이나 경계심을 없애고, '이 영업 직원이라면 이야기하기 편한 것 같다' 라고 생각해주는 것을 목표로 한다.
		목표	거래처 Key-man으로부터 적극적으로 이야기를 걸고 있는 상태
불신	신뢰	정의	**영업 직원을 신뢰하지 못하는 것에서 오는 심리적 허들**
		스텝 완료 신호	시장이나 업계에 대해 숙지하고 있는 영업 직원으로서 신뢰감을 전달하여, 거래처 key-man이 '이 영업 직원이라면 상담하고 싶다'라고 생각해주는 것을 목표로 한다.
		목표	거래처 Key-man으로부터 적극적으로 상담을 받을 수 있는 상태
불필요	필요	정의	**제품에 매력을 느끼지 못한 인식에서 오는 심리적 허들**
		스텝 완료 신호	거래처 및 Key-man이 가지고 있는 니즈를 이해하고, 그 니즈에 부합되는 상품이라고 인식해주는 것을 목표로 한다.
		목표	거래처 및 Key-man이 제품이나 서비스에 대해 상세한 설명을 듣고 싶어 하는 상태
부적합	적합	정의	**자신과는 맞지 않는다라는 인식에서 오는 심리적 허들**
		스텝 완료 신호	다른 경쟁사 상품에 비해 우리 상품이 더 좋다고 생각해수는 것을 목표로 한다.
		목표	거래처 및 Key-man이 우리 상품과 타사 상품의 차이를 이해하고, 타사 상품에 흥미를 나타내지 않게 된 상태

| 구매심리 프로세스 |

불급	시급	정의	급할 필요가 없다라는 인식에서 오는 심리적 허들
		스텝 완료 신호	'언제 계약을 할까', '언제 거래를 시작할까'에 대해 가능한 한 빨리 시작해야겠다라고 생각해주는 것을 목표로 한다.
		목표	계약 거래 개시의 예정일이 확인된 상태
예산 초과	예산 내	정의	**예산이 정해져 있는 데서 오는 심리적 허들**
		스텝 완료 신호	제품 비용을 예산 내에서 지불 받고 예산을 늘릴 수 있도록 유도하여 금액에 대한 장애 요인이 해제되는 것을 목표로 한다.
		목표	계약 내용이 예산 내에서 지불되어 있는 것이 확인된 상태
불만족	만족	정의	**만족하지 못하는 데서 오는 심리적 허들**
		스텝 완료 신호	제품이나 서비스 사용 시 '계약해서 좋았다'라고 생각해주는 것을 목표로 한다
		목표	거래처로부터 상품에 대해 만족하고 있다는 이야기를 듣고 있는 상태

심리가 높은 단계로 움직일 때는 항상 부정적인 포지션으로 움직이는 것입니다.

고객을 안심시켜 다음 단계로 이동할 때 부정적인 상태로 이동하기 때문에 불신으로 움직이는 것입니다. 이 상태를 다시 신뢰로 바꿔야 더 높은 단계인 불필요의 단계로 올라가는데, 결국 이 단계를 필요의 단계로 바꿔야 한다는 것입니다. 이러한 단계를 반복적으로 진행하면서 고객의 심리를 필요와 예산에 대한 검토까지 갈 수 있도록 해주는 것이 구매심리 프로세스의 핵심입니다.

●● 가장 효율적인
경로 설정하기

영업의 세일즈 프로세스와 고객의 구매심리 프로세스를 연결해서 보면 고객이 우리의 제품이나 서비스를 결정하는 데 필요한 경우의 수는 최대 35개 경우의 수로 나타납니다. 이런 경우의 수를 모두 고려해서 가장 빠른 경로로 고객을 유도하여 최종 구매를 완성하는 것이 쉽고 빠른 영업 프로세스입니다. 이 프로세스를 보통의 스텝으로 설정하는 경우에는 최소 3개에서 최대 5개의 스텝으로 설정할 수 있습니다. 이렇게 고객과의 관계에서 벌어질 수 있는 35개 경우의 수를 미리 설정하고 모든 경우의 수를 고려하여 영업을 빠르게 진행할 수 있는 스텝을 설정함으로써 복잡한 영업을 단순화시킬 수 있습니다. 이렇게 단순화해서 모든 영업의 안건을 관리하면 이와 연관되어 영업 활동의 속도가 빨라지면서 강한 영업이 구축됩니다.

고객의 기대를 반영한 프로세스를 구축한다

02

●● 문제를 해결하는 열쇠,
단순한 영업 프로세스

"제품의 가치를 인정하고 돈을 지불해줄 고객이 있을 때 진정한 의미의 '일'을 하는 것이다."

– 일본의 산업 엔지니어이자 사업가 오노 다이이치(大野耐一)

강한 영업은 제가 가지고 있는 제품이나 서비스의 가치를 인정해주고 그것에 돈을 지불할 수 있는 고객을 만들어가는 것입니다. 영업의 이치는 이렇게 단순한데, 많은 사람들은 여러 가지 이론을 적용해서 오히려 복잡하게 만드는 경향이 있습니다. 무슨 일이든 복잡해지면 문제가 발생합니다. 그 문제를 하나씩 해결해야 성과를 달성할 수 있는데, 복잡한 정도가 심해질수록 문제 해결에 드는 비용이 기하급수적으로 늘어나기 때문입니다. 이것은 교통혼잡 비용과 비슷합니다. 즉 교통량이 늘어나면 전체 주행 및 시간의 비용이 증가합니다. 이렇게 비용이 증가하는 문제를 해결하는 방법은 우리의 세일즈 프로세스를 고객 관점으로 단순화하는 것입니다.

고객의 마음을 움직이지 않고서 단 1원의 매출도 올릴 수 없습니다. 결국 영업은 고객을 설득해서 원하는 것을 얻어야 하는 것입니다. 영업에서 고객을 설득하는 데는 2가지 프로세스가 필요합니다. 하나는 영업 직원들의 활동을 제시하는 세일즈 프로세스이고, 다른 하나는 고객을 설득하기 위해서 고객의 마음을 움직이게 하는 심리 프로세스입니다.

영업을 하려면 이 2가지 프로세스를 쉽고 빠르게 정의하고 있어야 합니다. 영업 직원들은 외부에서 많은 시간 활동

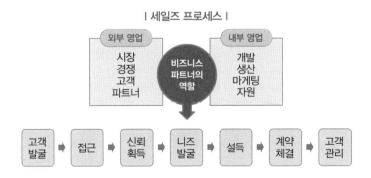

| 세일즈 프로세스 |

하기 때문에 하루의 일정을 이 2가지 프로세스로 단순화해서 해야 할 일들을 스텝으로 명확히 해야 합니다.

●● 고객 관점의
세일즈 프로세스

기업에서 영업 직원들이 해야 할 일을 순서대로 나열한 것이 세일즈 프로세스입니다. 기업의 영업 대상이나 절차에 따라 세일즈 프로세스는 다양하게 설계할 수 있습니다. 아주 단순한 프로세스는 상담, 판매, 관리와 같이 3단계로 운영되고, 아주 복잡한 프로세스는 발굴에서 사후관리까지 단계가 15단계나 20단계 이상으로 운영되기도 합니다.

세일즈 프로세스는 영업 직원들의 일이기 때문에 되도록 6단계 이내로 설정하는 것이 좋습니다. 단순한 예로 영업 직원들의 활동은 고객을 발굴하는 것에서부터 시작됩니다. 그 다음에 고객을 만나기 위해서 접촉하고 접촉을 통해서 상담을 진행합니다. 상담을 진행하고 나서 계약을 하고 계약을 하고 난 후에 관리를 합니다.

즉 모든 영업 직원이 해야 하는 세일즈 프로세스를 큰 틀에서 본다면 발굴, 접촉, 상담, 계약, 관리의 활동의 5가지 단계로 압축할 수 있습니다. 이 5가지 단계를 기준을 바탕으로 가급적으로 6가지 이하의 단계로 우리 회사의 세일즈 프로세스를 설정해야 합니다.

기존에 세일즈 프로세스가 운영되고 있다면 되도록 6단계 이내로 압축하는 작업이 필요하고, 영업에 세일즈 프로세스가 없는 경우에는 새롭게 설정해야 합니다. 이때 가장 주의해야 할 부분은 영업의 중분류 또는 소분류별로 세일즈 프로세스를 구분하는 것입니다. 앞서 말한 것처럼 세일즈 프로세스는 영업 직원들이 해야 할 일을 순서대로 나열한 것입니다. 그래서 기업의 전체 구조 안에서 하나의 프로세스를 설정할 수 있습니다. 다시 말해서, 세일즈 프로세스는 영업의 활동을 순서대로 나열한 것이라 생각하시면 됩니다. 단, 세일즈 프로세스가 너무 복잡하면 오히려 진행이 어려운 경우

| 세일즈 프로세스의 단계 |

고객 환영	관심 유도	니즈 파악	니즈 해결	가입 권유	반론 처리	마무리
·인사말 ·관계형성 (친밀감)	·상담에 대한 관심 유도 확인	·요청업무 구분 ·요청 업무별 니즈 파악 (현재니즈→ 잠재니즈→ 잠재니즈 확대→ 니즈 존재 확인)	·니즈 수용 ·상품의 특징/이 점 설명 ·증거자료 제시 ·제시한 이 점에 대한 고객 동의 여부 확인	·가입 권유 ·체결	·반론(불만) 처리	·가입에 대 한 칭찬, 축하 ·업무 처리 내용 확인 및 사후관 리 안내 ·상담 만족 여부 확인 ·소개 부탁 ·배웅 인사말

가 있어서 세일즈 프로세스의 단계를 명확하고 단순하게 설계하는 것이 필요합니다.

최근에는 고객의 기대사항을 중심으로 영업 직원들의 핵심 행동을 정리하는 방식으로 세일즈 프로세스를 설계하기도 합니다.

세일즈 프로세스에는 영업 직원들의 모든 활동을 표시할 수 있어야 합니다. 조직 안에서 영업 직원이 어떤 일을 했을 때 그 일을 세일즈 프로세스에 표시할 수 없다면, 그것은 잘못된 프로세스입니다. 즉시 그 활동 부분을 수정해야 합니다. 수정하는 방식으로는 세일즈 프로세스 단계의 정의를 바꿔주거나 세부 핵심행동을 추가하는 방법이 있습니다. 다만 세일즈 프로세스의 단계가 복잡해지는 것을 방지하기 위해서는 새로운 프로세스를 첨가하는 것은 지양해야 합니다.

마지막으로 세일즈 프로세스를 내부적으로 수정하거나 새롭게 설정할 때 반드시 영업 직원들이 참석해야 하고 그들이 말하는 현장의 의견을 반영해야 합니다. 가장 좋은 방법은 영업 직원 모두 참석해서 의견을 내고 그 의견들을 수렴하는 과정을 통해서 세일즈 프로세스를 구체화하는 것입니다. 하지만 이러한 작업을 할 때 영업 특성상 많은 영업 기회를 잃거나 비용이 드는 경우에는 각 부분의 영업을 대표할 수 있는 직원들이 참여해서 설정하는 것도 괜찮습니다. 다만 이런 경

No	프로세스	프로세스 정의	고객 기대사항 및 심리	핵심 행동
1	고객맞이	밝은 얼굴과 관심 어린 말로 고객을 맞이한다.	• 나를 기억해주기를 바란다. • 불안과 불신의 심리	• 전담 고객 프로필을 작성해서 얼굴을 꼭 기억하자. • 진심이 담긴 인사말을 매일 생각해두고 연습해보자. • 매일 아침 회의 시 모두가 함께 롤플레이를 하자.
2	업무 처리 및 니즈 파악	고객의 요청 업무를 처리하면서 CRM을 통해 고객의 니즈를 파악한다.	• 빨리 업무 처리를 해주기를 바란다. • 신상품이 뭐가 나왔지? • 나에게 적합한 상품이 뭐지?	• 니즈 파악을 위한 질문을 준비해서 꼭 던지자. • 세심한 관찰을 통해 고객의 특징을 꼭 메모하자. • CRM에 등록하자/업무 처리는 신속 정확하게 하자.
3	상품 권유	고객의 니즈에 연계된 적합한 추가 상품을 권유한다.	• 자세히 설명해주기를 바란다. • 내 자산 증식에 무엇이 도움될까? • 정말 필요한 건가? 최적의 상품인가?	• 내게 찾아온 고객에게는 반드시 상품을 권유하자. • 상품 지식을 매일 20분씩 공부하자. • 상품 권유를 자연스럽게 하기 위한 멘트를 준비하자. • 상품 권유하는 롤플레이를 매일 저녁 5분씩 하자.
4	반론 처리 및 클로징	고객의 거절과 반응에 적극적인 대응을 통해 계약을 유도한다.	• 바쁜데 지금 당장 해야 돼? • 남편과 상의해야 되는데… • 여유 돈이 별로 없는데… • 타 은행과 거래 중인데…	• 다양하게 거절하는 고객의 반론을 분류하여 대응할 수 있도록 Tool을 만들자. • 각 상품별 반론 처리를 매일 아침 조회 때 1분씩 연습하고 피드백을 하자. • 고객이 거절을 하더라도 다시금 나를 찾도록 확신하게 나를 인식시키자.
5	계약 및 고객 관리	계약 또는 거절 이후에도 지속적으로 그 고객에게 연락하고 관리한다.	• 지속적인 관심을 부탁해요. • 찾아왔을 때 환대해주세요. • 대접받고 싶어… • 좋은 상품 나오면 계속 정보 주세요.	• 2주일에 한 번씩은 문자를 보내서 안부를 묻자. • 신뢰 관계를 높일 수 있도록 Goal과 Action을 설계하자. • 다른 고객을 소개해달라고 요청하자. • 매일 아침 전담 고객을 자신의 팬으로 만들기 위한 활동 목표를 설계하고 공유하며 실행 내용을 서로 피드백 한다.

우에는 설정된 세일즈 프로세스를 전체 영업 직원에게 공유한 후에 추가하거나 수정할 부분이 있는지 물어보고 의견을 수렴하는 과정을 거쳐야 합니다.

●● 단계별 세일즈
핵심 행동

세일즈 프로세스가 설정되면 그다음으로 단계마다 고객이 기대하는 사항이 무엇인가를 정의해야 합니다. 즉 영업은 고객을 상대하는 일이기 때문에 영업 직원은 고객의 기대를 충족시킬 수 있는 행동을 해야 합니다.

영업 직원들이 해야 할 일은 결국 고객과 직접적인 관련이 있습니다. 영업은 회사에 꼭 해야 하는 일들의 중심에 고객의 기대를 둬야 합니다. 그리고 고객의 기대를 충족시키기 위한 행동을 영업 직원들의 핵심 행동으로 정의하고 세일즈의 단계마다 핵심 행동을 설정하는 것이 필요합니다.

많은 기업이 세일즈 프로세스를 운영하고 있지만, 세일즈 단계마다 고객의 기대사항을 충족시킬 수 있는 영업 직원의 핵심 행동을 설정하고 있는 기업들은 매우 적은 편입니다. 많은 기업이 우리 영업 직원들은 정말 열심히 일하는데 시장의 경쟁이 치열해서 좋은 성과를 얻지 못하고 있다고 생각한다는 것이죠. 이런 경우에 일을 늘리지 않고 치열한 경쟁에서 우위를 확보하는 가장 빠른 일은 세일즈 프로세스에 있는 고객의 기대를 중심으로 영업 자원의 핵심 행동을 설정하는 것입니다. 단순히 이러한 과정만 명확하게 정리해도 외부에서 활동하는 영업 직원들의 업무가 명확해져서 동일한 시간에 같은 활동을 하면서도 경쟁사보다 훨씬 더 높은 성과를 창출할 수 있습니다.

영업 직원들의 근무시간은 점점 짧아지고 있습니다. 앞으로는 주 52시간 근무제 때문에 더 많이 줄어들 것으로 예상됩니다. 시간을 줄이면서 더 높은 성과를 올리는 방법은 활동의 질을 높이는 것입니다. 그것은 바로 영업 직원들이 무엇을 해야 하는지, 즉 핵심 행동을 명확하게 설정하는 것에서 시작됩니다.

영업 성과를
관리하라

03

●● 영업 성과를 관리하는
중점선행지표

영업이 단순하게 활동할 수 있는 스텝을 설정했다면 강한 영업의 절반에 접근한 것입니다. 마치 야구에서 베이스를 설정하고 게임의 규칙을 정한 것과 같습니다. 야구에서는 어떤 팀을 만나든지 일정한 규칙을 가지고 게임에 참여합니다. 그 방식에서 얼마나 많은 안타를 치고 얼마나 많은 베이스를 돌았는지에 따라 승부가 결정되는 것입니다. 단지 상대 팀의 수준에 따라 경기의 결과는 달라질 수 있지만 선수들의 활동은 명확합니다.

영업에서 세일즈 스텝을 설정한 것은 어떠한 영업을 하든지 공통으로 활용할 수 있는 규칙을 만든 것입니다.

이제부터 영업 직원들은 어떤 고객을 만나든지 일정한 스텝을 가지고 영업을 합니다. 얼마나 많은 고객을 만나고 얼마나 많은 스텝을 통과했는지가 성과를 결정할 것입니다. 단지 고객의 수준에 따라 성과의 크기는 달라질 수 있지만 영업 직원들의 활동은 명확합니다.

첫째, 직원들의 합의가 있어야 한다

이제는 영업 직원들의 성과를 높이기 위해 선행하는 중점 선행지표를 만들어야 합니다. 야구에서 타자의 타율과 투수의 방어율을 관리하는 것처럼 영업에서도 고객 접촉률, 안건의 계약률과 같이 성과에 직접 관련 있는 행동을 관리하는 것입니다. 단, 영업에서는 중점선행지표를 양, 질, 속도의 3가지 차원에서 도출합니다.

영업의 성과를 관리하는 지표의 각 형태는 다음과 같습니다. 중점선행지표는 영업의 성과와 직접적인 관련이 있는 지표를 의미하며, 양적지표와 질적지표로 구분하여 관리합니다.

양적지표는 세일즈 프로세스에서 초기 단계인 고객 발굴이나 접촉의 건수를 증가시켜 상담 및 제안의 횟수를 늘리고 궁극적으로 계약의 수를 늘리도록 설정하는 지표입니다.

질적지표는 설정된 세일즈 스텝의 진전을 효율적·효과적으로 달성할 수 있도록 하는 설정하는 지표입니다. 예를 들어 발굴된 고객 상담을 통해서 계약으로 얼마나 변화시켰는지를 표시하고 이것을 변화율로 나타낼 수 있습니다.

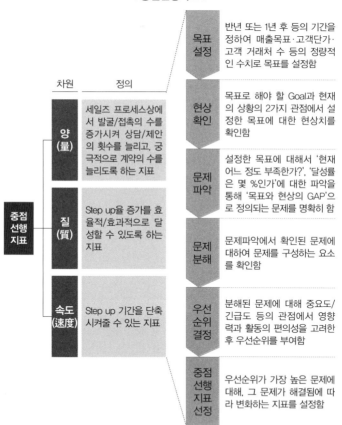

| 중점선행지표 |

목표 설정
반년 또는 1년 후 등의 기간을 정하여 매출목표·고객단가·고객 거래처 수 등의 정량적인 수치로 목표를 설정함

현상 확인
목표로 해야 할 Goal과 현재의 상황의 2가지 관점에서 설정한 목표에 대한 현상치를 확인함

문제 파악
설정한 목표에 대해서 '현재 어느 정도 부족한가?', '달성률은 몇 %인가'에 대한 파악을 통해 '목표와 현상의 GAP'으로 정의되는 문제를 명확히 함

문제 분해
문제파악에서 확인된 문제에 대하여 문제를 구성하는 요소를 확인함

우선 순위 결정
분해된 문제에 대해 중요도/긴급도 등의 관점에서 영향력과 활동의 편의성을 고려한 후 우선순위를 부여함

중점 선행 지표 선정
우선순위가 가장 높은 문제에 대해, 그 문제가 해결됨에 따라 변화하는 지표를 설정함

차원 / 정의

중점 선행 지표

양(量)
세일즈 프로세스상에서 발굴/접촉의 수를 증가시켜 상담/제안의 횟수를 늘리고, 궁극적으로 계약의 수를 늘리도록 하는 지표

질(質)
Step up율 증가를 효율적/효과적으로 달성할 수 있도록 하는 지표

속도(速度)
Step up 기간을 단축시켜줄 수 있는 지표

의류회사 양적 지표 향상 사례(고객 수)

대상	목표	중점선행지표	액션 지표 사례
B지점	연 매출 전년비 10% UP	등급 상승 고객 수 (전년비 10% UP)	휴면고객 일 3회 해피콜
			자필 편지 1일 3통/1인
			택배 결과 SMS서비스 100%
			물망초서비스 100%

등급 상승 고객 수 전년비 10% 증가 = 성과의 창출

구분	활동 전	활동 4개월 후
VVIP 고객	4명	16명
VIP 고객	21명	41명
로얄 고객	32명	53명
일반 고객	210명	265명

제약회사 양적 지표 향상 사례(고객 수)

가설	• 가망 고객을 방문하여 상담을 진행하기는 하나 계약으로 이어지는 성과가 나오지 않음. • 120분 이상 고객과 상담을 하면 성과가 창출된다는 타 지점 사례를 벤치마킹하여 가설 설정
중점 선행 지표	**[중점 선행 지표]** • 120분 이상 상담 고객 수 **[역량 요소]** • 타깃 고객 등급별 List Up • 자료 조사를 통한 전략 수립 • 가망 고객을 만나 120분간 상담할 자료 작성

120분 이상 상담 고객 수의 증가 = 성과의 창출

구분	활동 전	활동 3개월 후
상담 고객 수	54	54
120분 이상 상담 고객 수	7	25
계약 고객 수	2	16

| 양적지표 사례 |

순번	지표명	정의	산식
1	등록 고객 수	전체 고객 중 스텝업 보드에 등록된 고객 수	Σ 등록 고객 수
2	방문 고객 수	스텝업 보드에 등록된 고객 중 접촉을 통해 발굴된 고객 수	Σ 발굴 고객 수
3	신뢰 구축 등록 건 수	스텝업 보드의 관심과 신뢰의 단계에 등록된 고객 수	Σ 신뢰 구축 고객 수
4	상담 결과 만족 건 수	상담을 통해 우리 상품(서비스)에 우호적인 고객 수	Σ 우리 상품에 우호적인 고객 수
5	도입 시기 파악 건 수	우리 상품(서비스)의 도입 시기가 파악된 고객 수	Σ 도입 시기가 파악된 고객 수
6	정식 제안 건 수	공식적인 제안서를 고객에게 제출한 건 수	Σ 제안서 제출 건수
7	신규 유치 대상 고객 접촉 수	신규 고객 발굴 대상을 방문 또는 접촉한 합을 나타낸 수	Σ 고객 접촉 수
8	기존 고객으로 부터 신규 고객 소개 건 수	기존 고객으로부터 신규 고객을 소개 받은 합을 나타낸 수	Σ 신규 고객 소개 받은 수
9	내방 고객 수	영업장에 내방한 고객의 합을 나타낸 수	Σ 내방 고객 수
10	고객 정보 수집 건 수	영업 활동에 필요한 고객 정보 수집의 합을 나타낸 수	Σ 고객 정보 수집 건 수

마지막으로 속도에 관련된 지표는 양적인 변화와 질적인 변화를 얼마나 빠르게 진행할 수 있는지에 관련된 지표입니다. 이 3가지 지표를 관리함으로써 영업의 성과를 극대화할 수 있습니다.

중점선행지표를 설정할 때는 직원들이 자신의 활동에 대

| 질적지표 사례 |

순번	지표명	정의	산식
1	방문 고객 상품 권유율	고객에게 상품을 권유한 수를 방문 고객 수로 나눈 지표	상품 권유 수/내방 고객 수×100
2	제안 승낙 취득률	전체 고객 중 정식 제안을 허락한 고객 수를 전체 고객 수로 나눈 지표	정식 제안 허락 고객 수/전체 고객 수 ×100
3	계약 성공률	전체 제안 건 수 중 실제 계약 수를 전체 제안 건 수로 나눈 지표	실제 계약 건 수/전체 제안 건 수×100
4	타깃 고객 접촉 성공률	타깃 고객 접촉 성공한 고객 수를 타깃 고객 수로 나눈 지표	타깃 고객 접촉 수/타깃 고객 수×100
5	타깃 고객 상담률	타깃 고객 중 상담을 진행한 고객 수를 타깃 고객 수로 나눈 지표	타깃 고객 상담 수/타깃 고객×100
6	전담 고객 접촉률	전담 고객 중 접촉 성공한 고객 수를 전담 고객 수로 나눈 지표	전담 고객 접촉 고객 수/전담 고객×100
7	메일 발송 실행률	목표 메일의 실제 발송 수를 목표 메일 수로 나눈 지표	목표 메일 실제 수/목표 메일 수×100
8	정보 제공에 대한 반응률	정보 제공 건 중 반응 수를 정보 제공 건수로 나눈 지표	정보 제공 건 수/반응 건수×100
9	방문 고객 중 자신을 찾는 고객 비율	전체 방문 중 자신을 찾은 고객 수를 전체 방문 고객 수로 나눈 지표	자신을 찾은 고객 수/방문 고객 수×100
10	단가 유지율	목표 이익률 향상을 위해 당기 단가에서 전기 단가를 나눈 지표	{1−(당기 단가/전기 단가)}×100

해 파악하고 어느 수준이 되어야 정해진 목표를 달성할 수 있는지 알 수 있도록 해야 합니다. 하지만 많은 직원이 자신들의 행동을 수치로 관리해본 경험이 많지 않기 때문에 중점선

행지표를 설정하는 데 어려움을 겪습니다. 다소 시간이 오래 걸려도 직원들을 참여시켜 자신이 활동을 점검하고 어떤 지표를 통해서 성과를 높일 수 있는지에 대해 고민할 수 있는 시간을 주는 것이 중요합니다. 이 단계를 거치지 않으면 영업 직원들은 자발적으로 활동을 늘리려고 하지 않습니다. 단지 설정된 지표의 수치를 달성하려고만 해서 형식적인 활동이 될 수도 있습니다. 이러한 문제를 최소화하는 가장 좋은 방법은 영업 직원들 스스로 중점선행지표를 설정함으로써 행동의 변화를 이끌어내는 것입니다.

둘째, 성과가 변화해야 한다

중점선행지표를 설정하고 관리하면 영업 성과에 직접적인 변화가 생겨야 합니다. 물론 중점선행지표의 종류에 따라 일간, 주간, 월간의 차이는 있을 수 있지만, 특정한 활동의 양이나 비율을 높임으로써 성과를 달성한 속도가 빨라지고 이를 통해서 성과가 높아지는 현상이 발생해야 합니다.

이러한 성과는 중점선행지표를 설정하여 실행한 후 바로 나타나는 때도 있고, 일정한 시간이 지난 후에 나타나는 때도 있습니다. 신규 프랜차이즈 지점을 발굴하는 영업의 경우에는 방문 건수를 중점선행지표로 설정할 수 있습니다.

이때 중요한 점이 하나 있습니다. 신규 프랜차이즈 지점을 발굴하기 위해서 반드시 해야 할 일은 고객을 만나고 상담을 하는 것이라는 점입니다. 이때 고객 상담 건수를 중점선행지표로 설정할 수 있는데, 몇 개의 점포를 방문해야 한 개의 계약이 나오는지는 실제로 계약이 성사된 이후에야 알 수 있습니다. 그래서 중점선행지표는 고객 상담이 어느 수준으로 이루어지고 있는지 그 수를 세어 몇 개 이상의 상담이 진행되었을 때 계약이 나온다는 것을 파악해야 합니다.

중점선행지표의 성과를 가늠할 수 있는 것은 프랜차이즈 지점의 계약입니다. 프랜차이즈 지점의 계약이 성사되었다면 변화가 생긴 것입니다. 이 변화의 크기가 작다면 상담 건수를 더 높이기 위한 작업을 진행해야 하고, 성과의 크기가 너무 크다면 상담 건수를 낮추는 작업을 진행해야 합니다.

셋째, 검증의 단계를 거쳐야 한다

중점선행지표를 설정한 다음에는 성과를 중심으로 검증을 시행해야 합니다. 중점선행지표를 열심히 진행했는데 성과가 나오지 않았다면 중점선행지표를 잘못 선정한 것입니다. 이런 경우에는 중점선행지표를 다시 설정해야 합니다.

이런 경우의 대부분은 영업 현장에서 실행하기 쉬운 지표를 설정한 경우가 많습니다. 예를 들어 고객 정보를 파악하는 것은 상대적으로 쉬운 작업이 될 수 있습니다. 하지만 정보를 많이 파악한다고 해서 실제 계약이 성사되지는 않습니다. 이때는 중점선행지표를 계약과 좀 더 직접적인 관련이 있는 지표로 바꿔줘야 합니다.

중점선행지표는 성과와 직접적인 연관성이 있어서 회사마다 질적지표와 양적지표 중 관련성이 높은 지표를 선정해서 운영합니다. 예를 들어 백화점에서 의류를 판매하는 기업의 경우에는 고객이 매장에 들어와서 눈으로 구경하다가 옷을 입어본다면 구매율이 높게 올라가는 사례가 있습니다. 특히 남성복 코너의 중점선행지표는 방문 고객의 착복율을 중점선행지표로 잡기도 합니다.

성과가 나오기는 했는데, 성과의 양이 적거나 예상보다 훨씬 더 많은 시간이 소요된 일도 있습니다. 이럴 때는 중점선행지표의 빈도나 비율을 조정해야 합니다. 중점선행지표를 너무 낮게 잡으면 영업 직원들의 활동이 부진할 수 있고, 일정한 수준의 성과를 달성하는 데 예정된 시간보다 훨씬 더 많은 시간이 소요되기도 합니다. 이때는 재빨리 조정해야 합니다.

●● 영업 활동의 양과 질을
관리하는 방법

영업 활동은 크게 양적인 활동과 질적인 활동으로 나눌 수 있습니다. 처음 영업을 하는 직원은 고객과 상담을 진행해도 계약을 끌어내지 못하는 경우가 있습니다. 반면, 영업을 오랫동안 해온 직원은 고객을 만나면 계약을 끌어내지만 상담을 적게 하는 경우가 있습니다. 이런 경우에 처음 상담을 하는 직원에게는 질적인 부분을 보완하기 위한 중점선행지표가 필요하고, 영업을 오랫동안 해온 영업 직원에게는 양적인 부분을 보완하기 위한 지표가 필요합니다. 이렇게 영업 조직의 특성에 따라 중점선행지표를 다르게 설정해야 변화가 빠르게 나타납니다.

첫째, 일일 및 주간 단위로 양의 변화를 설정한다

양적인 부분을 보완하기 위해서 설정된 지표의 경우에는 그 변화의 정도가 하루 단위 또는 주간 단위로 나타날 수 있도록 설정하는 것이 필요합니다. 예를 들어 일간 고객 방문 건수, 주간 상담 건수 등과 같이 설정한다면 하루에 몇 명의 고객을 방문했는지, 한 주에 몇 건의 상담을 진행했는지를 파악할 수 있도록 설정합니다.

일간 및 주간 단위로 파악하여 그 활동의 정도를 관찰함으로써 한 달의 성과나 분기의 성과를 예상할 수 있도록 중점선행지표를 설정하면, 우리가 영업을 통해서 매일 및 주간으로 무엇을 해야 하는지가 명확해져서 영업 활동의 관리가 명확해집니다. 또 일간 및 주간 단위로 해야 하는 일들의 결과가 나타나기 때문에 활동이 지연되어 성과가 지연되는 경우도 최소화됩니다.

둘째, 주간 또는 월간 단위로 질의 변화를 관리한다

영업에서 고객을 방문한다고 해서 반드시 상담이 이루어지지는 않습니다. 고객의 사무실을 방문했지만, 회의가 길어져서 상담하지 못하는 경우가 발생하기도 합니다. 또는 고객을 방문했는데 고객의 요구로 제품에 대해 상담하지 못하고 단순히 샘플만 전달하고 돌아오는 경우도 많습니다. 이런 경우에는 상담률을 중점선행지표로 설정하기도 합니다. 방문을 몇 번 했을 때 상담이 이루어지는지를 표시하는 것입니다.

또는 제안을 했을 때 고객이 제안의 수용 여부를 결정하는 방식으로 중점선행지표를 설정하는 방법도 있습니다. 이러한 방법은 특정 행동에 대해 고객의 반응을 표시하는 것으로, 고객의 반응을 유도하기 때문에 양적인 활동에 비해 상대적으로 많은 시간이 필요한 경우가 많습니다. 그래서 질적인 변화의 경우에는 주간 또는 월간 단위로 변화의 정도를 파악할 수 있도록 중점선행지표를 설정하는 것이 필요합니다.

●● 방문 목표를
설정하라

중점선행지표가 성과에 직접적인 영향을 주는 지표라면, 행동지표는 중점선행지표를 달성하기 위한 영업 직원의 행동을 관찰할 수 있는 지표입니다. 행동지표는 중점선행지표에 영향을 주는 지표인지 여부를 명확히 해야 합니다. 그리고 목표치가 명확하면 주간 단위로 변화를 확인할 수 있어야 합니다.

영업 활동에는 항상 많은 변수가 있기 마련입니다. 갑자기 고객의 요구로 계획하지 못한 방문을 해야 하는 경우가 발생하기도 하고, 상사의 지시로 갑자기 새로운 업무를 배분받기도 합니다. 하지만 이러한 경우에 영업에서 딜성해아 하는 성과를 관리하기 위해 지금 당장 해야 할 행동지표가 무엇인지 명확하다면 그 일의 순서를 정하기가 쉬워집니다. 이어서 그 행동지표를 달성하기 위해서 내일 또는 다음 주에 무엇을 사전에 조치해야 하는지도 명확해집니다. 이러한 과정을 통해서 일정 수준의 행동지표를 달성하면, 그에 의해 중점선행지표가 달성됩니다. 다시 말해서 영업은 현장에서 이루어지는 활동으로 성과가 결정되기 때문에 성과를 직접 관리하기 애매한 경우가 많습니다. 이러한 어려움을 극복하기 위해서 우리 영업 직원들의 성과와 관련된 중점선행지표와 행동지표를 설정하는 것이 필요합니다.

그런 작업 중 하나는 방문 목표를 세우는 것입니다. 방문 목표는 영업 직원이 고객을 방문할 때 '어떠한 상태까지 만들면 그 방문이 성공적이었다'를 알 수 있는 기준입니다. 영업에서 방문 목표를 관리하는 목적은 고객을 방문하기 전에 계획을 세워 고객 방문의 성과를 높이기 위한 것입니다. 또 이를 통해 방문의 결과를 재확인하여 영업 직원 스스로 영업 활동의 개선점을 명확하게 할 수 있다는 장점이 있습니다. 영업 직원이 방문 목표를 설정하면, 영업 방문의 효과를 명확히 알 수 있을 뿐만 아니라 방문 준비 및 보고가 철저하게 이루어져서 재방문 때 방문 효과를 극대화할 수 있습니다.

방문 목표는 설정하는 수준에 따라 1수준에서 6수준까지 구분할 수 있습니다. 1수준과 2수준의 경우에는 영업 직원들이 관성적으로 설정하는 기준으로, 방문 효과를 파악하는 데는 많이 부족합니다. 중요한 방문의 경우 영업 직원은 5수준이나 6수준의 방문 목표를 설정해야 합니다. 6수준의 방문 목표의 경우에는 어떤 거래처(Where)에, 누구(Who)를 만나서 어떤 제품(What)을 설명하고 고객에게 어떤 반응을 얻었는가(How)를 명확히 할 수 있는 수준입니다.

5장

강한 기업을
만드는
강한 경영자

300%

01

강한 경영자가
가야 하는 길

●● 사업의 맥락을
파악해야 한다

21세기에 들어 지속해서 일어난 변화의 흐름 속에서 현명한
경영자들은 전문성과 차별화 전략으로 새로운 비즈니스 모
델을 창출했습니다. 급격한 변화의 시대에 성공적으로 대처
한 경영자들은 변화를 추종하는 경영 철학을 가진 것도 아니
었고, 변화를 앞서는 경영 철학을 가진 것도 아니었습니다.
단지 변화에 대해 냉철한 외부자로서의 관점을 유지한 이들
이 있습니다.

변화를 앞서는 경영 철학을 따르면 수익 모델을 창출하는
적절한 시기를 맞추기 어렵고, 동시에 새로운 시도에 대한 과

잉투자로 큰 손실을 볼 위험성이 있기 때문입니다. 따라서 변화의 시기에 가장 현명한 대처 방법은 변화에 대한 냉철한 제3자적인 시점에 근거한 경영 철학을 확립하는 것입니다.

경영자는 직원들의 일에 관해 갖는 생각을 명확히 해야 하고, 회사의 분위기를 송두리째 바꾸고 업무 추진 방법을 변혁해야 합니다. 제가 삼진어묵에 경영자로 참여한 후에 집중해서 주력한 일은 고급 어묵 시장에서 확고한 1등이 되고, 어묵 베이커리 시장의 파이를 키우는 것입니다. 그리고 회사 직원들의 의식을 바꿔서 고객을 100배쯤 더 기분 좋게 만들면 제가 세운 목표가 그리 어려운 일이 아니라고 확신했습니다. 다만 이 변화가 일어나지 않는 회사도 있습니다. 이런 회사에는 3가지 특징이 있습니다. 첫째, 직원들이 움직이지 않습니다. 둘째, 직원들이 생각하지 않습니다. 셋째, 직원들이 자기 자신을 부족하다고 여기지 않습니다.

삼진어묵에서는 경영자와 임원들이 선두에 서서 때로는 잘못이나 실패에 대한 책임을 지며 의식을 개혁했고, 1년이 지나기 전에 회사 이익 316% 성장이라는 성과를 이루어 냈습니다.

⚫ 속도와 철저함을
추구해야 한다

경영에서 속도와 철저함을 추구하면 회사가 놀랄 만큼 좋아집니다. 회사 내부의 분위기가 달라질 뿐만 아니라 외부에서 바라보는 시선까지도 확연히 바뀝니다. 속도와 철저함이 정착된 회사의 직원들은 절대로 이전의 모습으로 돌아가지 않습니다. 기업이 속도와 철저함을 추구하기 위해서는 프로세스가 필요합니다. 그리고 '무슨 일이 있어도 회사를 바꾸겠다'는 경영자의 강한 의지가 필요합니다. '가능하면 바꾸고 싶다' 정도의 희망을 품고 경영해서는 회사는 절대 바뀌지 않습니다. 경영자의 강한 결의와 자극이 있어야 관리자들을 중심으로 실행 집단이 형성되고 새로운 경영 방법을 연속적으로 도입하여 기업의 문화로 정착시킬 수 있습니다.

경영자 혼자서는 결코 조직을 바꿀 수 없는 법입니다. 경영자는 변혁을 추구하는 사람이고 변혁을 실행하는 사람은 조직의 구성원인 직원들이기 때문이기 때문이죠. 조직에 속해 있는 직원들은 지금까지의 가치관을 가능한 바꾸지 않고 그대로 유지하려는 성질이 있습니다. 그래서 경영자는 감성을 공유하고 경영자의 뜻을 받아들여 움직이는 관리자 집단을 형성해 조직에 동기와 의욕을 불어넣어야 합니다.

●● 직원의 20%가 지지하면
혁신은 성공한다

회사에는 다양한 직원들이 있기 마련입니다. 문제의식이 많고 경영자의 혁신에 적극적으로 호응하는 열정적인 직원, 대다수가 달라지면 거기에 맞춰 가지만 평소에는 가만히 주변 상황을 살피는 직원, 혁신을 항상 냉정한 시선으로 바라보며 무관심하게 반응하는 직원 등이 있습니다. 그중 열정적인 직원은 항상 소수입니다. 그런 직원이 10%나 되면 다행인데, 현실은 그보다 훨씬 적은 5% 정도에 그칩니다. 혁신을 추진하는 경영자는 회사에 영향력을 행사하여, 혁신에 동조하는 직원들이 적극적인 추진 세력이 되도록 인도해야 합니다. 그리고 주변 상황을 살피며 혁신에 참여하지 않던 직원들의 의욕을 부추겨 참여 상태로 전환시켜야 합니다.

이렇게 해서 20%의 직원들을 지지 세력을 확보한다면 그 순간부터 혁신이 시작됩니다. 일단 직원들이 움직이기 시작하면, 회사 혁신의 절반은 성공한 것입니다. 그때 경영자는 혁신의 고삐를 늦추지 말고 성과평가를 활용한 인사제도나 내부 경쟁을 촉진하는 다양한 제도 및 장치를 도입한다면 앞으로 나아가는 속도를 올릴 수 있습니다.

●● 강한 영업에
전문성을 가져야 한다

기업을 경영할 때는 여러 자원이 필요하지만 그중에서도 경영의 성과를 결정짓는 것은 영업입니다. 영업을 잘해야 돈을 벌 수 있기 때문이죠. 기본적으로 회사는 이익을 내야 유지될 수 있습니다. 저금리 덕분에 어찌어찌 유지하고 있는 회사를 제품을 생산하고 판매해서 수익을 올리는 본연의 목적을 실현하고 있는 회사라고 볼 수 있을까요?

저성장 시대에 시장 상황이 어려운 것은 어느 기업이나 다 겪고 있는 기본 환경이라고 할 수 있습니다. 대기업은 영업에 더 많은 인력과 비용을 투입해서 어려운 환경을 극복할 수 있지만, 대기업을 제외한 대부분의 기업들은 어떻게 헤쳐 나가야 할지 막막해서 실제로는 회사 수익에 도움이 되지 않는 가격인하, 인원 감축 등의 방법을 쓰지만 결국 줄어든 매출을 회복하지는 못합니다. 더 적자를 보는 경우도 많습니다.

그렇지만 이런 안 좋은 상황을 헤쳐 나가는 기업은 분명 있습니다. 그런 기업들의 경영자들은 영업 조직을 재편하고 강화해서 차별화된 영업 전략을 펼칩니다. 각각의 산업이 다 다르기 때문에 한 회사에서 성공한 영업 전략이 다른 회사에서도 적절하게 들어맞으리라고 말할 수는 없지만, 성공한 경영자들은 분명 자신의 업계에 어떤 전략이 성공적일지 잘 파악하고 있는 것입니다. 물론 모든 경영자가 처음부터 잘할 수는 없을 것입니다. 그때는 전문가의 도움을 받으면 됩니다. 내 회사니까 내 말이 무조건 옳다고 주장할 것이 아니라, 전문가의 컨설팅을 받고 직원들과 진정으로 소통하면서 영업 역량을 강화해야 합니다.

●● 인풋이 있어야
아웃풋이 나온다

제가 지난 14년 동안 영업 컨설팅을 하면서 만난 대부분 경영자는 영업에서 무엇인가 경영의 돌파구를 마련하고자 하거나 기존의 영업을 개선하고자 하는 욕구가 있었습니다. 그들은 기업 경영에서 영업의 역할이 중요하다는 것을 명확하게 인지하고 있었습니다.

강한 영업 조직을 구축하기 위해서는 기업의 결단이 필요합니다. 중소기업들의 경우 대부분 영업 인력이 아주 적거나 대표 혼자서 영업하는 경우도 많습니다. 그런 점에서 영업 노하우를 서로 알려주거나 연속성 있는 영업 활동을 하지 못하는 경우가 많습니다.

문제점을 개선하고 영업 활동을 전면 수정하기 위해서는 시간과 비용의 투자가 선행되어야 합니다. 인풋 없이 아웃풋이 나오기 힘듭니다. 하지만 많은 사람들이 인풋의 중요성을 간과하곤 합니다. 아웃풋이 나오기까지 시간도 오래 걸리고 비용도 많이 들 뿐만 아니라 과연 성과가 날까 하는 의심도 들기 때문입니다. 그렇기 때문에 영업 프로세스를 체계적으로 구축해야 합니다. 두리뭉실하거나 그럴 듯하게만 보이는 목표를 세우면 당장에는 편할지 모르지만, 막상 실행하려고 하면 갈 길을 알 수 없게 됩니다. 성과를 올리고 싶은 경영자라면 무엇에 집중적으로 투자해야 하는지 깊이 고민해봐야 합니다.

제가 경험한 강한 기업의 경영자들은 그 답을 영업에서 찾았고, 그 경영자들은 지금도 강한 영업 조직을 만들기 위해 지속적으로 노력하고 있습니다. 이런 기업들은 어려운 시장 환경을 헤쳐 나올 저력이 있습니다. 이 기업들은 영업에 집중해서 스스로 강한 경쟁력을 만들어내고 있는 것입니다. 그 영업의 핵심은 바로 강한 영업입니다.

강한 영업으로
돈 버는 법을 안다는 것

02

할인점이 들어오기 이전에 식품 영업은 슈퍼마켓을 대상으로 우리 회사 제품의 주문을 받고, 매장 내에 자사 제품의 진열 면적을 확보하는 상담을 하는 것이 핵심 업무였습니다. 당시의 국내 유통 시장에는 할인점이 들어오기 전이라 각 지역 핵심 상권에 자리 잡은 500평에서 1,000평 규모의 슈퍼마켓들의 구매력이 큰 시절이었습니다. 각 식품 제조업체들은 슈퍼마켓들을 대상으로 하는 영업에 집중했고, 영업 직원 한 명이 약 20~50개 정도의 슈퍼마켓을 담당하면서 하루에 2~5개 거래처를 방문하는 것을 기본 영업 활동으로 하고 있을 때였습니다. 이때 영업에서 가장 중요한 것은 거래처에서 제품 발주 권한을 가지고 있는 슈퍼마켓 사장과 거래를 위한 업무적인 신뢰 관계를 맺는 것이었습니다.

당시 슈퍼마켓 사장들은 제조업체의 제품에 대한 구매 권한과 함께 매장의 진열 공간을 결정하는 권한까지 가지고 있어서 지금 대형 유통업체 구매 바이어 역할과 백화점 매장 관리자 역할을 함께하고 있었습니다. 그 때문에 영업 직원들은 매출이 많은 슈퍼마켓의 사장들과 업무적으로 친해지기 위해 정기적인 방문과 확실한 지원 등의 영업으로 다른 식품회사와 경쟁할 때였습니다.

현재 시장에서는 디지털 마케팅과 SNS에 의해 고객의 선택과 평가가 회사의 매출에 큰 영향을 미치고 있습니다. 반면, 그 당시에는 식품업체 상품에 대한 선택과 평가를 고객이 아니라 슈퍼마켓 사장이 할 때였습니다. 하지만 시장에서 선택과 평가를 하는 모습을 보면 지금 고객들이 선택하는 기준과 당시 슈퍼마켓 사장들이 선택하는 기준이 같습니다.

지금의 고객들은 상품을 신뢰해 구매를 결정하지만, 당시 슈퍼마켓 사장들은 식품회사 영업 직원들을 신뢰하고 상품의 구매를 결정했습니다. 즉 시장에서 상품을 선택하는 주체가 슈퍼마켓 사장에서 고객으로 달라졌을 뿐이지 그 결정의 요소에는 신뢰가 같이 작동하고 있습니다.

당시에 제가 관리하던 슈퍼마켓의 사장은 나를 보면 항상 존칭을 사용하면서 상당한 호의를 베풀었습니다. 그 이유는 제가 다른 영업 직원들과 다른 복장을 하고 매장을 방문했던 것에서 시작되었습니다. 당시의 영업 직원들은 회사 점퍼를 입고 다이어리를 들고 다니면서 시장들과 스스럼없이 대화를 나눴습니다. 이러한 방식은 사장들에게 접근하기에는 매우 좋은 방법이었지만 상대의 신뢰를 얻는 데에는 한계가 있었습니다.

저는 항상 정장 차림에 서류 가방을 들고 다녔고 사장들과 상담을 하려면 반드시 사무실이나 정해진 공간에서 테이블을 앞에 두고 앉아서 상담을 진행했습니다. 이러한 방식은 상대가 상담 시 나에게 좀 더 집중할 수 있게 하고 제가 전달하고자 하는 내용을 명확하게 전달할 수 있는 장점이 있었습니다. 즉 사장들이 나를 보게 되면 깔끔한 복장에 안심하고 업무가 정확하게 처리될 것으로 생각했습니다. 그 후에 상담을 진행하면 사장님들은 뭔가 자신들의 요구를 제시하려고 노력했습니다. 하지만 경쟁사 영업 직원들과는 편하게 상담을 하지만 실제 업무에 들어가서는 직접 불만을 이야기하면서 면박을 주기 일쑤였습니다. 이런 상반된 반응은 다른 영업 직원들이 업무 상담 이전에 상대를 안심시키고 자신에 대한 신뢰를 느낄 수 있는 분위기를 조성하지 못했기 때문이었습니다.

지금 고객들의 행동도 다르지 않습니다. 자신이 선호하는 회사의 제품에는 항상 높은 호감을 보이면서 다른 제품에는 특이할 정도로 낮은 평가를 하는 경우가 많습니다. 이러한 일들에는 심리적인 요소가 작용합니다. 즉 고객을 안심시키고 신뢰 관계를 구축하고 난 후에 우리 제품에 대한 필요성을 느끼도록 유도하면 고객은 더 많은 호감을 느끼게 되는 것입니다. 여기에서 중요한 것은 고객을 안심시킨 후에 신뢰하게 만드는 것입니다. 영업에서 상대가 누구인지는 중요하지 않습니다. 중요한 것은 상대를 안심시키는 것으로 시작하는 것입니다.

요즘을 4차 산업혁명 시대라고 합니다. 그래서 모두들 언택트와 비대면 시장을 장악해야 한다고 말하고 있습니다. 그 흐름만이 전부이고 언택트와 온라인 시장을 잘 모르면 사업이 망한다고들 합니다. 과연 그럴까요?

인간은 바꿀 수 없는 속성이 있다고 믿고 있습니다. 아무리 인공지능과 로봇의 시대가 온다고 해도 '신뢰'는 아날로그 속성에 비례합니다. 인간만이 줄 수 있는 이런 속성은 디지털 트랜스포메이션 시대에도 다른 무엇과 대체될 수 없을 뿐만 아니라 오히려 더 중요해지리라 생각합니다.

강한 영업은 사람이 중심이고 시스템이고 문화입니다. 강한 영업이 무엇인지 알고 있고 실행력이 있는 직원들을 보유한 기업은 막강합니다. 강한 영업의 프로세스가 작동하는 조직이 구축되어 있다면 안심하실 수 있습니다. 하지만 그렇지 않다면 심각한 상황이 올 수 있음을 알아야 합니다.

강한 영업이
강한 기업을 만든다

코로나19가 발발했을 무렵 직접 경영자가 되어서 '강한 영업'을 실행했습니다. 부산에 소재한 기업이라는 낯선 환경과 코로나 팬데믹이라는 전 세계적인 혼란 속에서도 강한 영업이 통한다면 그 어떤 상황에서도 통할 것이라는 가설을 세우고 열심히 달렸습니다. 그리고 놀라운 결과를 만들어냈습니다. 전년 대비 2020년 영업 이익 성장률 316%, 2021년 영업 이익 성장률 51%라는 높은 성장을 기록한 것입니다.

많은 기업들이 매출 감소와 그로 인한 긴축 경영을 할 때 우리 회사는 강한 영업을 바탕으로 '깐깐한 어묵' 신규 브랜드를 런칭했고, '삼진어묵당' 프랜차이즈 사업을 시작했으며, 스타트업 '어메이징 팩토리'도 런칭했습니다. 이 사업 모두 성공적인 성과를 이뤄냈습니다. 온갖 미디어에서 언택트, 인공지능, 로봇, 스마트 팩토리, 메타버스 등 새로운 기술과 도구가 세상을 바꿀 것처럼 이야기하고 있습니다. 그런 트렌드를 타고 경영자들도 그런 용어에 꽂혀 있습니다. 하지만 어떤 세상이 와도 변하지 않는 것은 기업은 '수익'을 내야 한다는 점입니다. 어떤 시대에서도 돈을 버는 능력을 가진 기업만이 살아남습니다. 그렇다면 자문해봐야 합니다.

"우리는 '강한 영업' 즉 돈 버는 능력을 가졌는가?" 부산에서 식품회사를 경영하면서 내 자신에게 수백번도 더 질문했던 내용입니다. 그 결과로 우리는 회사를 혁신적으로 발전시킬 수 있었습니다. 지금 이 시간에도 회사의 경영에 고민하고 있으신 많은 분들께 '당신의 회사는 경기에 상관없이 지속적으로 돈을 버는 능력을 가지고 있는가?' 라는 질문을 던집니다. 그렇다고 한다면, 당신의 회사는 강한 영업을 실행하고 있는 것입니다.

제가 경험한 작지만 강한 영업의 큰 성과를 공유하겠다는 생각으로 이 책을 쓰게 되었습니다. 지금의 비즈니스 시장은 한치 앞을 내다보기 어려운 환경입니다. 이런 때일수록 경영자금의 중요성이 더욱 크게 부각됩니다. 그 문제를 해결하는 가장 좋은 방법은 회사의 영업을 강화하는 것입니다. 당신의 기업은 강한 영업을 하고 있습니까?

항상 내 삶에 의미와 동기를 부여해주는 아내 동선과 아들 인호에게 감사의 마음을 전합니다. 제가 부산에서 강한 영업을 실행하면서 높은 성과를 낼수 있었던 것은 모두 아내와 아들의 이해와 배려 덕분입니다.

북큐레이션 • 4차 산업혁명 시대를 주도하는 이들을 위한 라온북의 책

《300% 강한 영업》과 함께 읽으면 좋을 책. 기존의 공식이 통하지 않는 급변의 시대, 남보다 한발 앞서 미래를 준비하는 사람이 주인공이 됩니다.

스마트오피스에 대한 가장 완벽한 해답

스마트오피스 레볼루션

김한 지음 | 15,800원

10년 후에도 우리 회사가 살아남으려면?
스마트한 인재가 모이는 스마트오피스가 답이다!

예측하기 힘든 4차 산업의 혁명기 속에서 기업이 생존하려면 무엇이 필요할까? 바로 스마트한 인재(스마트 워커)다. 그들을 어디에서 찾냐고? 생각보다 어렵지 않다. 우리가 찾는 대신 그들이 우리 기업으로 오게끔 하면 된다. 이 책은 4차 산업 혁명 시대의 큰 물결 앞에서 경쟁력 확보를 원하는 기업에게 공간의 힘을 기반으로 한 기업문화 혁신 모델을 제시한다. 재택근무와 화상회의, 자율좌석제 도입을 넘어서 10배 생산성을 가진 스마트피플이 마음껏 일하고 AI, 로봇과 함께 일하도록 기업 업무 환경에 혁신을 일으키는 방식을 제안한다.

플랫폼과 콘텐츠의 관계 분석

애프터 코로나 비즈니스 4.0

선원규 지음 | 18,000원

강력한 생태계를 만들어가는 플랫폼 사이에서
생존하는 콘텐츠를 발견하라!

앞으로의 미래 시장에서 살아남으려면 플랫폼과 콘텐츠 중에서 어떤 것에 중점을 두어야 할까? 이 책은 이 문제에 대해 해결점을 찾아갈 수 있도록 플랫폼과 콘텐츠를 자세히 다루고 있다. 현 사회와 플랫폼과 콘텐츠의 상관관계를 이야기하며 플랫폼과 콘텐츠 사업모델의 다양한 종류를 소개한다. 또한 어떻게 해야 강력한 플랫폼과 콘텐츠를 만들 수 있을지 그 전략을 설명하며 앞으로의 미래 시장의 전망을 다루고 있다. 이 책을 통해 수많은 콘텐츠가 유입되는 사랑받는 플랫폼, 플랫폼의 러브콜을 받는 콘텐츠를 개발할 수 있을 것이다.

매출 10배 올리는 데이터 과학자의 비밀

매출 올리는
데이터 사이언티스트

김도환 지음 | 16,000원

**데이터 사이언티스트의 차이는
데이터의 의미를 읽고 해석할 줄 아는 능력에 있다**

이 책은 현업에서 일하고 있는 저자의 실제 사례와 자료 조사를 통해 기업이 진정으로 원하는 데이터 사이언티스트에 대해 전반적으로 다룬다. 또한 기업이 데이터 사이언티스트와 협력하기 위해 기본적으로 알아야 할 AI에 대한 지식과 활용법, 비즈니스를 성공적으로 이끄는 유능한 데이터 사이언티스트의 핵심 역량도 담고 있다. 비즈니스 현장에서 인정받는 전문가가 되고 싶다면, 넘쳐나는 데이터 속에서 고객의 핵심 니즈를 캐내는 유능한 직원이 필요하다면 이 책을 놓지 않길 바란다.

반드시 알아야 할 회계 이슈 30

스타트업 30분 회계

박순웅 지음 | 16,000원

**방치한 회계 문제가 회사를 없애는
폭탄이 되어 돌아온다!**

이 책은 스타트업 CEO들이 필수적으로 익혀야 할 회계의 기본 지식을 알려준다. 숫자와 서식으로 복잡하게 설명하는 머리 아픈 회계 공부가 아닌, 실제 일이난 30가지 이슈로 벤처 캐피털(VC)이 마음을 읽을 수 있는 최소한의 회계 지식을 들려주므로 한 단계 성장이 필요한 CEO들을 단단하게 무장시켜줄 것이다. 또한 놓치지 말아야 할 회계 개념 12가지도 함께 담아 기업 운영에 도움이 되도록 했다. 이 책을 통해 한층 더 스케일 업(Scale-Up) 한 회사를 이끌어갈 수 있을 것이다.